湖南省教育厅科学研究项目（项目编号 15C0758）
湖南商学院学术著作出版基金资助出版

涉外非婚同居财产关系准据法选择机制研究

On the Selection of Applicable Law about Relationship of Property in International Non-marital Cohabitation

◎龚志军 著

西安交通大学出版社
XI'AN JIAOTONG UNIVERSITY PRESS

图书在版编目（CIP）数据

涉外非婚同居财产关系准据法选择机制研究 / 龚志军著 .——西安：西安交通大学出版社， 2016.9

ISBN 978-7-5605-9070-7

Ⅰ．①涉…　Ⅱ．①龚…　Ⅲ．①涉外婚姻－婚姻法－研究－中国　Ⅳ．①D923.904

中国版本图书馆 CIP 数据核字（2016）第 239329 号

书　　名　涉外非婚同居财产关系准据法选择机制研究
著　　者　龚志军
责任编辑　魏　杰　贺彦峰

出版发行　西安交通大学出版社
（西安市兴庆南路 10 号　邮政编码 710049）
网　　址　http://www.xjtupress.com
电　　话　（029）82668357　82667874（发行中心）
（029）82668315（总编办）
传　　真　（029）82668280
印　　刷　长沙市宏发印刷有限公司

开　　本　880mm×1230mm　1/32　**印张** 8　**字数** 189 千字
版次印次　2016 年 9 月第 1 版　2016 年 9 月第 1 次印刷
书　　号　978-7-5605-9070-7/D · 278
定　　价　68.00 元

序

随着我国社会经济的迅速发展,人们的文化道德观念发生了显著变化。这一观念的变迁对我国传统婚姻家庭观念产生了较大的冲击。追求自由和个人本位价值的驱使,人们物质生活水平的不断提高,生活方式与价值多元化等,使得以自由为特征的非婚同居现象日渐普遍。经济的全球化发展、交通与通信技术的日益发达以及文化和道德观念趋同等多重因素下,具有涉外因素的非婚同居在我国已经悄然增多。而涉外非婚同居财产关系,作为一种具有“人身属性”基础的新型涉外财产关系,与涉外婚姻财产关系及其他普通涉外财产关系具有本质上的不同,是涉外民事关系日益多样化、复杂化的结果。面对涉外非婚同居财产案件的管辖以及准据法的选择等问题,国际私法学界与实务界均须予以关注和重视。尽管涉外非婚同居现象在我国当下仍属于小众的领域,但是作为法学研究者,以理性的态度来看待和思考相关法律问题是非常必要的,也是富有现实意义和深远的理论价值的。在中外相关文献资料有限的情况下,本书作者“小题大作”的勇气也是颇为难得的。

《涉外非婚同居财产关系准据法选择机制研究》一书,作为国内第一部专题研究涉外非婚同居准据法选择的著作出版,不仅可望填补国际私法在该领域的空白,而且能拓展和丰富国际私法的研究内容。作者以各国非婚同居法律规则差异为对象,广泛收集梳理了国内外有关非婚同居财产关系的法律冲突,然后按照“管辖权处理方式”和“冲突法处理方式”两种路径深入分析涉外非婚同居财产案件管辖权的确定和准据法的选择问题,最后提出我国涉外非婚同居财产关系准据法选择的立法建议。本书的主要学术价值和创新在于:一是全书的研究由涉外非婚同居财产关系准据法选择问题展开,资料翔实、研究深入、论证充分,在一定程度填补了相关的理论空缺。二是在涉外非婚同居财产关系准据法的选择上,本书提出了依“管辖权处理方式”和依“冲突法处理方式”两种路径,且对这两种准据法确定路径下的准据法选择问题展开了客观全面的深入分析,具有创新性的同时又不失学术严谨。三是本书立足国际私法实体正义价值趋向,并将其贯穿于全书的始终,对不同类型的法院地法进行了全面论述。本书对于我国涉外司法实践也具有重要的参考价值。

本书作者是我指导的2008级法学博士研究生。在攻读博士学位期间,他勤于钻研、勇于探索、努力创新,认真扎实地完成了学习任务和导师交办的各项工作,在校期间公开发表十余篇学术论文,是一名勤勉、尊师的优秀学生。

正如作者所言,本书并非要宣扬、鼓励非婚同居,而仅仅是以理性的姿态来看待这一新型的人类亲密关系模式,为读者展示各国法律对非婚同居的态度和规制的大概,为我们揭示人类的自由本性,以及各国法律对同居形式的包容和智慧,同时为我国涉外非婚同居纠纷尤其是财产纠纷提供一个基本的法律适用参考。希望作者能以该专著为起点,再接再厉,争取早日成为该领域的研究专家,在未来的学术道路上更上一层楼,不断取得新成绩,为国家法治建设做出更大的贡献,以不辜负这个美好的时代。

蒋新苗

二○一六年八月

目　录

Contents

第一章　导　论

一、问题的提出与研究意义

（一）非婚同居及其法律规制现状

非婚同居自古以来就有之。尤其是到了20世纪以后，非婚同居已成为一种引起世人高度关注的社会现象。南斯拉夫学者佩特·沙切维奇教授曾经指出："在正式婚姻关系之外，还有一种同居关系，而且它在全世界具有与日增长的趋势，这是我们社会现实中一个不可否认的事实。"❶有学者曾如此感叹："家庭生活所发生的为数不多的变化中，最快的莫过于非婚同居和非婚生育的增长。"❷因此，在社会生活领域，非婚同居及其引起的法律问题是

---

❶ 〔南〕佩特·沙切维奇. 婚姻外的同居关系：南斯拉夫的经验[J]. 谢怀栻译，法学译丛，1983(2).

❷ Kathleen Kiernan. The rise of cohabitation and childbearing outside marriage in western Europe [J]. *International Journal of Law, Policy and the Family*, Vol. 15, 2001(1): 1-2.

需要我们高度重视和探索的课题。

1. 非婚同居现象日益普遍

人类社会产生以来，人类的繁衍以及对性的需求是整个人类社会中非常重要的部分。与之伴随的千百年来的婚姻家庭制度便是人类社会实现上述目的最重要的制度。在社会发展和人类进步的历史长河中，我们始终在孜孜以求一种适合人类自身的婚姻家庭制度。随着社会经济水平的发展和人们婚姻家庭观念的变迁，在不同的历史阶段，婚姻家庭制度呈现出了不同的内容和形式。目前，伴随着文明社会出现的传统婚姻家庭制度仍然是最基本的家庭组织模式。纵观今天世界各国，都有婚姻家庭方面的法律法规，这不能不说是人类社会文明的一个巨大进步。但另一方面，独立于主流形式的非婚同居现象自古以来就始终存在。[1]人类社会对待非婚同居的态度大致经历了三个大的阶段。一个是人类社会进入资本主义社会之前的历史阶段，由于统治阶级的强化管理、特定历史阶段的经济发展水平和人类自身同居道德观等诸多原因，非婚同居往往会遭到道德的非难、社会的抑制、法律的惩罚。因而，该种情况下，非婚同居几乎没有合法存在的空间。二是人类进入资本主义社会以后到20世纪以前，随着社会经济的快速发展，生产力的解放推动了人类自身的发展。人类在享受富足物质生活的同时，追求自由和精神上的愉悦逐渐成为人类生活的一个十分重要的方面。尽管这一时期世界各国大都对非婚同居仍然持否定态度，但非婚同居现象开始涌现。三是人类社会进入20世纪尤其是“二战”以后，一些西方发达国家出现了非婚同居日益增长的社会现

---

[1] ［意］彼德罗·彭梵得. 罗马法教科书［M］. 黄风译，北京：中国政法大学出版社，1992：154：古罗马时期就有姘合制度（concubinato）。

实，司法实践中也不断遇到非婚同居关系纠纷。于是，一些西方国家开始出现对非婚同居关系的立法调整和司法应对，开始关注非婚同居者的权益问题。据美国人口普查局资料显示，1970 年美国非婚同居者52.3 万对，而到1982 年则迅速增长到180 多万对。❶到2000 年，全美则有近500 万对之多（如果包括同性同居则有550 多万对）。❷另据2005 年美国“国家婚姻项目”报告，从1960 年到2005 年，美国仅异性非婚同居者人数就增加了12 倍，占到全部双人家庭的8.17%。❸但美国的这一非婚同居率却不及欧洲国家的60%❹（尽管欧洲各国非婚同居结合的比例不一❺）。而思想相对保守的我国，非婚同居现象也已十分普遍。❻

2. 涉外非婚同居日渐增多

20 世纪尤其是“二战”以后，随着国际合作的加深，各国在国际投资、国际贸易领域的迅速发展甚至是依赖，随之而来的国际民事交往日益频繁。另一方面，各国国民跨国流动的障碍日益减

---

❶ 〔日〕野野山久也. 美国的离婚、再婚和同居[M]. 杜大宁等译，北京:新华出版社,1989:220.

❷ 王薇. 非婚同居法律制度比较研究[M]. 北京:人民出版社,2009:66.

❸ 王薇. 非婚同居法律制度比较研究[M]. 北京:人民出版社,2009:56.

❹ David H. Olson & Amy Clson - sigg. *Overview of Cohabitation Research: For Use with PREPARE - CC[M]*. Life Innovations, Inc, 2002:1.

❺ 如同居比例最高的瑞典占到约50%，芬兰、法国、丹麦约占25%，最低的希腊、葡萄牙则低于10%。参见王薇. 非婚同居法律制度比较研究[M]. 北京:人民出版社,2009:73.

❻ 夏吟兰等. 21 世纪婚姻家庭关系新规则[M]. 北京:中国检察出版社,2001:245；何群. 同居关系的法律保护[J]. 宁夏社会科学,2005(3)；齐麟. 对同居现象的探讨[J]. 西北人口,2005(3)；等等.

少，使得知识经济时代特有的主要发生在文体、科学、服务领域中的以个人技能为典型特征的自然人跨国流动变得非常活跃。❶如此一来，一个以全球为范围的国际劳动力市场正在逐渐形成。这是涉外非婚同居日渐增多的重要前提。除此之外，涉外非婚同居日渐增多还有以下几个方面的原因：一是在劳动力市场国际化的过程中，社会生活节奏不断加快，劳动场所和劳动方式变动频繁，给人们两性情感上的满足带来了不稳定性。二是在观念上，家庭这一概念正经历着由传统模式向功能主义模式的变迁，家庭模式的多元化开始出现，尤其是随着西方国家人权、自由等理念主导下的“去婚姻化”“家庭革命”运动的蓬勃发展，非婚同居几乎成为与婚姻家庭并驾齐驱的一种家庭模式。正是在这一特定的时代特征和社会价值观念下，一些人为了寻求两性情感生活上的满足，涉外非婚同居便成为相关当事人在涉外婚姻之外的一个重要替代。法国国家人口研究局人口学家普里乌承认，跨国婚姻已经成为一种普遍的现象。同时，他强调“法国人结婚的数量已经不多，他们更多地选择民事伴侣契约（PACS）这种自由结合的形式”❷。

3. **各国非婚同居立法差异大**

面对世界性的非婚同居现象的存在，世界各国，不管是发达国家还是发展中国家，先前一向倡导和维护传统的婚姻家庭关系，从而在法律上对非婚同居关系不予承认。不过，20 世纪中期尤其是六七十年代以后，随着非婚同居现象的日渐增多，很多国家的法律

❶ 刘卫国. 论涉外非婚同居的法律规制[DB/OL]. 北京涉外离婚与继承律师网，http://swlihunlawyer.com/viewnews.asp. 2009－05－19.

❷ 法国跨国婚姻近三成[N/OL]. 欧洲时报，http://www.oushinet.com/187－1304－54967.aspx. 2010－01－25.

对该现象有所正视。

目前，很多国家都逐渐认可和保护非婚同居关系。北欧诸国中，非婚同居已经为社会和国家法律所认可。如丹麦1989年通过的《登记伴侣关系法》，赋予同性同居伴侣类似于婚姻配偶的法律效力。此后挪威在1993年、瑞典在1994年、冰岛在1996年、芬兰在2001年先后颁布了类似的立法。[1]在异性同居方面，丹麦的“正式同居规则”、挪威的《联合家庭法》、瑞典的《同居法》等立法赋予了异性同居者在财产权利、税收福利、继承等方面与婚姻配偶相类似的权利与地位。法国2000年的《民事伴侣契约》（PACS）则统一适用于同性同居者和异性同居者。此外，美国、英国、南斯拉夫、荷兰、比利时、加拿大的魁北克等国家和地区尽管具体立法规定存有诸多差异，但都认可和一定程度上保护非婚同居关系。另外，有的国家为避免对传统婚姻的稳定性带来过大冲击，故而只认可和保护非婚同居关系中的同性同居关系，不认可异性同居关系。如德国2000年11月由德国联邦议会通过的《生活伴侣登记法》便是代表。

当然，目前也有许多国家否定非婚同居。如《埃塞俄比亚民法典》第八章仍规定为“非法同居”，其明确规定非法同居者之间不产生配偶间的人身关系、财产关系，相互之间也不产生任何生活保持义务和继承权。[2]美国也有几个州完全否认非婚同居者之间以

[1] 王薇. 非婚同居法律制度比较研究[M]. 北京：人民出版社，2009：310.

[2] 埃塞俄比亚民法典[M]. 薛军，徐国栋译. 民法典译丛. 北京：中国法制出版社，2002.

及非婚同居者对第三方的一切权利。[1]此外，目前还有一些国家对非婚同居没有任何法律上的规定。如我国在2001年12月以后在相关法律中取消“非法同居”这一概念，从而使非婚同居成为一个法律不置可否的问题。总之，当今世界各国针对非婚同居现象迅猛发展的趋势，根据本国的法律和传统，确立了相应的态度，作出了一定的法律调整。但是，各国在立法上的差异很大。

（二）涉外非婚同居引起了新的法律适用问题

承前所述，20世纪六七十年代以来，由于非婚同居的与日俱增，各国法律在立法上大多做出了回应。但由于多方面的原因，各国在对待非婚同居的态度和立法规制内容上存有诸多差异。而涉外非婚同居作为当事人涉外婚姻一种替代性选择的出现，其所引起的新的法律问题尤其是法律适用问题不容忽视。

1.涉外非婚同居法律适用问题的出现

随着社会的发展，非婚同居现象在日益普遍的同时，涉及的国家范围和复杂程度都在深化。具体而言，目前的非婚同居包括不同国籍当事人之间的非婚同居和相同国籍当事人之间在国外形成的非婚同居；也包括异性同居和同性同居。同居当事人相互之间在这一共同持续同居生活过程中所发生的权利义务关系，究竟该如何适用法律，是以同居所在地国的相关法律调整还是以同居当事人的属人法来调整，又或者以其他法域的法律来调整呢？很明显，由于世界各国法律对待非婚同居的态度和规制的内容差异很大，这势必会造成法律适用结果上的差异从而导致法律冲突，直接影响非婚

[1] 王薇．非婚同居法律制度比较研究［M］．北京：人民出版社，2009：132.

同居当事人的权利义务。因此，涉外非婚同居引起的法律适用问题与涉外非婚同居现象的迅速蔓延一样也正在大量涌现，这是一个值得我们国际私法学界高度重视的课题。

2. 涉外非婚同居法律适用突破了国际私法传统领域

涉外非婚同居引起的法律冲突，传统的国际私法规范能否直接规制呢？如果可以，那么究竟是通过涉外婚姻的相关规则还是涉外契约财产关系的相关规则来调整？我们知道，涉外婚姻领域的国际私法调整，是随着婚姻跨越国界出现了涉外婚姻这一现象应运而生的，是专门调整涉外婚姻的特定当事人之间的权利义务关系的国际私法规范。涉外契约财产关系的国际私法规范，则主要是针对不具人身属性的涉外民商事合同领域的法律冲突进行调整的一系列法律适用规范。很显然，涉外非婚同居既不同于涉外婚姻关系，也不同于普通的涉外契约财产关系。应该说，它是一种不同于涉外婚姻的特定社会阶段的具有一定身份属性的新型涉外民事关系，这种新型涉外民事关系具有自身鲜明的个性特征。因此，用传统国际私法中涉外婚姻关系的法律适用方法或涉外契约财产关系法律适用方法来调整涉外非婚同居关系都不合适。随着涉外非婚同居现象的日益普遍，将来各国的国际私法也必将像对待涉外婚姻一样，有专门的国际私法规范。[1]然而，目前绝大多数国家对涉外非婚同居财产关系的法律适用问题，不论是在理论上还是在立法上都没有足够重视。

综上所述，随着当代人在婚恋家庭观念上的巨变，各国立法伴随着非婚同居现象的普遍而制定了千差万别的非婚同居法律制度。

---

[1] 目前已经有斯洛文尼亚、比利时、马其顿等一部分国家在其立法中有了调整涉外非婚同居关系的国际私法规范。

经济的飞速发展、世界的日益开放，在促进各国国民跨国交往日益便利的同时，客观上也导致了具有涉外因素的非婚同居的出现。为了应对涉外非婚同居引起的法律冲突，建构和完善一套包括如何确定涉外非婚同居财产案件的管辖权，如何确定案件最终适用的准据法，如何在这类涉外非婚同居财产案件中实现公平与正义、自由与秩序的法价值等在内的科学的准据法选择机制，对这一课题的研究具有理论与现实的必要性。

（三）研究意义

法律总是伴随着社会经济的发展而不断向前发展。当人类社会发展到21世纪的今天，非婚同居已经成为一种具有普遍意义的社会现象。与此同时，跨越国界的涉外非婚同居也正在悄然增加。人类婚姻家庭领域的这一变化有其历史的必然性。一方面，从政治经济学的理论来看，有什么样的社会生产方式，就会有适合的相应的生活方式。各国国际交往的纵深发展，各国国民跨国流动障碍的日益减少，劳动力市场的国际化，这些都是造成涉外非婚同居现象产生和蔓延的社会基础。涉外非婚同居的家庭生活方式既然已经为一部分人所选择，那么各国的相关立法就应该作出积极回应，制定规范这种新型涉外民事关系的法律。另一方面，从法理的角度分析，有怎样的社会关系，就应该有合适的法律对其予以调整。人类婚姻家庭生活方式发展到今天，非婚同居的两性关系尽管被许多国家一度抑制和否定，但非婚同居以及涉外非婚同居已经成为一种不可忽视的社会现象。因此，对涉外非婚同居发生的各种纠纷尤其是财产上的纠纷予以法律调整，是一种彰显包容少数

人在内的最广泛的人类社会正义。❶

然而，世界各国的法律作为引导和规范人类行为的上层建筑，往往会体现政府的态度与政策导向，反映民族的文化与精神，传承历史的经验与习惯。❷在非婚同居这一极具道德伦理因素的领域，这种反映更加典型，由此导致了各国在非婚同居问题上法律规制的极大差异。于是在涉外非婚同居的法律调整上，法律冲突问题便是复杂的和不可避免的。针对这一新型涉外民事关系，我们的国际私法应当作出积极回应。因此，研究涉外非婚同居财产关系准据法的选择机制，有利于填补我国涉外非婚同居财产关系法律适用的空白，推动国际私法理论向前发展。同时，从实践层面看，探究涉外非婚同居财产关系准据法选择的机制方法，有利于维护健康的社会秩序，有利于解决涉外非婚同居当事人的纠纷，更好地维护当事人的合法权益和实现司法正义。

二、研究范围界定

涉外非婚同居财产关系是本书研究的基础对象，这一对象主要包含着三个方面的基本要素：一个是非婚同居，一个是财产关系，一个是涉外因素。

（一）非婚同居的界定

非婚同居，一般作为婚内同居之外的其他同居形式的总称，一直以来就没有一个统一的表述。《中华法学大辞典》将其定义

---

❶ 龚志军. 涉外非婚同居关系准据法选择的伦理思考[J]. 求索,2013(2).

❷ 〔美〕E. 博登海默. 法理学:法律哲学与法律方法[M]. 邓正来译,北京:中国政法大学出版社,1999:89.

为：没有夫妻关系的男女同居，包括两种具体情形，一种是无配偶的单身男女同居，另一种是男女一方或双方已有配偶，又与配偶之外的其他异性同居。《北京大学法学百科全书》将其定义为：男女不结婚而同居的现象。《资本主义大辞典》则将其定义为：男女双方没有履行法律规定或认可的结婚方式而同居生活。在英文中，表述非婚同居的词有很多，诸如 non – marital cohabitation，cohabitation without marriage，unmarried cohabitation，extra – marital cohabitation，等等。日本则将非婚同居称为“同栖”，所谓友爱结婚 Kameradschaft 之问题。而罗马则将非婚同居视为“准婚”（Quasiehe）。[1]由此可见，对非婚同居的内涵在理解上存在着较大差异。因此，本书的研究首先有必要对非婚同居的范围进行界定。其次，在以判例法为特征的英美法系国家中，法院要判断当事人之间的非婚同居关系，往往还会考虑以下因素：双方是否住在一起；双方是否有日常生活；双方有无性关系；双方关系是否持久稳定；双方如何安排财政问题；双方如何抚育子女以及当事人对这种关系的目的和动机等等。[2]在具体案件中，法院通常还会引入一些具体的认定标准，如伴侣每星期有几个晚上住在一起。此外，美国以及法国还常常考虑伴侣是否把脏衣服一起洗或者把个人物品搬到一起等等细节。[3]如美国洛杉矶市规定非婚同居者应该是“共

---

[1] 〔日〕栗生武夫. 婚姻法之近代化[M]. 胡长清译，北京：中国政法大学出版社，2003：55.

[2] 〔英〕凯特·斯丹德利. 家庭法[M]. 屈广清译，北京：中国政法大学出版社，2004：54.

[3] Mike Murphy. Editorial: Cohabitation in Britain [J]. *Journal of the Royal Statistical Society*, *A*, 2000：123 – 126.

同分享生活必需品”。❶德国法院也主张应通过一些具体标准来认定非婚同居关系，如同居持续的时间，彼此处理对方财产的权利，是否与子女或亲属共同生活等等。❷

我国近年来对非婚同居的理解也主要存在以下一些观点。有学者提出，非婚同居主要局限于无法律障碍的男女两性双方基于合意而共同生活的同居模式，该种模式也不论双方有无结婚的意图。❸另一些学者则认为，非婚同居不过是双方当事人均无配偶，在不违反禁止性规定的前提下，在性、感情和经济等方方面面形成的一种相互依赖、共同生活，自愿不进行结婚登记而持续公开的两性生活方式，即非婚同居在外观形式上与婚姻并无二致。❹而社会上多数人却认为，非婚同居应当是包括所有婚姻同居之外的一切同居形式，非法同居、通奸、姘居、事实婚姻等各种类型都应是非婚同居的具体内容。总之，对于非婚同居的理解，目前我国也存在较大的差异。

从世界范围看，非婚同居已经成为一种与婚姻并行的类似关系。我国学者杨立新将其称为“准婚姻关系”或“亚婚姻关系”，❺它与人们常说的非法同居、事实婚姻、通奸、姘居等既有

---

❶ Scott Harris. *Council Oks Leave for Unwed Partners* [*M*]. L. A. Times, Oct. 6, 1988: §2(1).

❷ Ilona Ostner. Cohabitation in Germany—Rules, Reality and Public Discourses [J]. *International Journal of Law, Policy and the Family*, Vol. 15, 2001(1):88 -101.

❸ 秦志远. 非婚同居之实质初探[A]. 载陈苇. 家事法研究[M]. 北京：群众出版社,2005:261 -273.

❹ 王薇. 非婚同居法律制度比较研究[M]. 北京：人民出版社,2009:20.

❺ 杨立新. 论准婚姻关系[J]. 中州学刊,2005(6).

一定的联系又有着本质的不同。

1. **非婚同居与非法同居**

我国的“非法同居”概念曾以最高人民法院司法解释的形式长期存在。而2004年4月1日起实施的最高人民法院《关于适用〈中华人民共和国婚姻法〉若干问题的解释（二）》（以下简称《婚姻法解释（二）》），才正式将“非法同居”作为一个法律概念予以废止。除我国外，《埃塞俄比亚民法典》第708条也使用了“非法同居”概念，但与我国曾经使用的“非法同居”概念有别。[1]总之，由于非法同居这一概念在法律逻辑、价值评价上存在诸多问题，并且也违背了当今世界的立法潮流，所以作为一个法律概念，“非法同居”已很少有国家采用。就“非法同居”与非婚同居的比较而言，首先，两者感情色彩有别。非婚同居是中性的、描述性的，没有褒贬之倾向；而“非法同居”是贬义的、否定性的，含有谴责之意。其次，两者的参照不同。与非婚同居相对应的是基于婚姻关系的同居或者说婚内同居；而与非法同居相对应的是合法同居即不违法的同居。在实践中，非法同居的概念很容易混淆不同的标准。最后，两者的内涵外延不同。本书所指的非婚同居主要是指无婚姻关系在身的（无法律障碍）成年当事人，没有履行结婚形式要件而持续地同居生活状态。其外延仅包括不违法的非婚姻同居。而非法同居其外延不仅包括无婚姻关系当事人的同居，还包括有配偶者的婚外同居。

2. **非婚同居与事实婚姻**

一般讲的事实婚姻，是与法律婚姻、登记婚姻相对应的一个概

---

[1] 埃塞俄比亚民法典[M].薛军，徐国栋译.民法典译丛.北京：中国法制出版社，2002.

念，即，事实婚姻是指“没有配偶的成年男女，未经婚姻登记便以夫妻名义共同生活，群众也认为是夫妻关系的两性结合”❶。在形式上，非婚同居与事实婚姻都欠缺婚姻形式要件，但又都具有类似婚姻的持续性、公开性。在实质上，非婚同居与事实婚姻具有比较明显的区别。一是事实婚姻通常要求当事人主观上要具有婚姻意愿，而非婚同居一般无此要求。二是是否要以夫妻名义共同生活。三是法律后果上，事实婚姻一旦得到承认，就会获得与婚姻完全一样的法律后果，而非婚同居目前世界上几乎没有国家承认其与婚姻具有完全一样的法律后果。

3. 非婚同居与通奸、姘居等

非婚同居与通奸、姘居都属于婚外两性关系，但它们之间有明显区别。一般来讲，通奸是指男女一方或双方有配偶却又与他人自愿地、秘密地发生性关系的两性行为。❷姘居则是指有配偶的人与他人不以夫妻名义公开共同生活的行为。❸非婚同居与通奸、姘居等最大的区别就是，当事人是否已有配偶。此外，在法律后果上，世界上绝大多数国家都从法律上，或至少从道德上对通奸、姘居等行为予以制裁或谴责。

（二）非婚同居财产关系的研究边界

本书以非婚同居财产关系的准据法选择为研究对象，其研究重心在于准据法的选择，而非婚同居财产关系本身并非本书研究的范

❶ 巫昌帧. 婚姻家庭法新论——比较研究与展望[M]. 北京：中国政法大学出版社，2002：159.

❷ 巫昌帧. 婚姻家庭法新论——比较研究与展望[M]. 北京：中国政法大学出版社，2002：94－95.

❸ 王薇. 非婚同居法律制度比较研究[M]. 北京：人民出版社，2009：47.

畴。因此，对非婚同居财产关系中同居当事人的具体财产权利义务关系、具体财产权利义务种类不作具体研究；对不同种类的非婚同居财产关系，如婚前同居财产关系、有无婚意的非婚同居财产关系，以及是异性还是同性的非婚同居财产关系不作区分；本书也不涉及非婚同居当事人所生子女导致的与亲子有关的财产关系。基于本书篇幅及研究的循序渐进，本书所研究的涉外非婚同居财产关系准据法选择，主要是立足于各国在非婚同居财产制上的重大差异，为解决非婚同居当事人财产纠纷在法律适用上的法律冲突，而从宏观的角度建构整个涉外非婚同居财产关系的准据法选择机制，从而为我国该领域的立法和司法实践提供理论支持。

（三）涉外非婚同居的涉外因素

涉外非婚同居的涉外因素，主要是指非婚同居跨越了国界，不同于单纯的国内非婚同居而具有了国际性。具体而言，主要包括两大类：一是不同国籍当事人之间的非婚同居，即主体的涉外因素；一是相同国籍当事人之间在国外形成的非婚同居，即法律行为、物或者权利、义务上具有涉外因素。当然，这里的涉外非婚同居也可包含具有涉外因素的同性同居（gay men or lesbians）。还需注意的是，本书的涉外非婚同居与涉外婚姻也有明确的界限。本书所研究的涉外非婚同居，仍然属于非婚同居中的一种，属于没有法律障碍的同居形态，一般是指非婚同居关系中具有涉外因素或者说跨国因素的情况。两者主要存在如下区别：首先，涉外婚姻属于婚姻关系的范畴，是一种具有跨国因素的婚姻关系，通常都由婚姻法律调整，而且目前世界各国一般都有相应的国际私法规范来解决其法律冲突。而涉外非婚同居是无法直接纳入婚姻法律调整范围中的。其次，涉外非婚同居是一种日益普遍的新型涉外民事关系，具有一定的人身属性特征，但其人身属性强度明显不如婚姻关系，更多地表现出相对松散性，尤其以财产关系为主。最后，在法律适用上，涉外非婚同居关系的法律冲突与解决，涉外婚姻的国际私法规则不宜照搬适用，而必须另辟途径。

综上所述，本书所研究的非婚同居是具有涉外因素的非婚同居，既不同于涉外婚姻关系，也不同于一般理解的国内非婚同居，而是一种有严格内涵的与婚姻关系相区别的非婚同居关系种类，即没有婚姻关系在身的（没有法律障碍）成年人双方基于合意以共同生活为目的（不一定以结婚为目的）的持续的两性同居生活种类。这种同居关系中的当事人双方均无配偶,却又没有履行法定结婚程序,法律也不承认有婚姻关系，类似于“夫妻”而共同生活在一起，因而排除了有配偶者与他人同居的通奸、姘居等非法同居形式。考虑到许多国家同性恋较为普遍的现象，以及对少数人的自由与正义的尊重，在涉外非婚同居财产关系准据法选择的论题中，同性同居原则上也可一并包括在内。

三、相关研究综述

根据国际私法的基本原理，涉外非婚同居财产关系的准据法选择问题，主要是针对各国非婚同居国内立法上的差异所引起的涉外非婚同居财产关系的法律冲突，通过理论与实践层面的研究，以构建出科学合理、可兹操作的法律选择机制。这一课题往往涉及涉外非婚同居财产案件的管辖权确定、依“管辖权处理方式”确定涉外非婚同居财产关系准据法的法律选择方式、依“冲突法处理方式”确定涉外非婚同居财产关系准据法的法律选择方式等几个方面的问题。然而，非婚同居，作为一种与千百年来传统婚姻家庭相悖的新型“家庭”模式，直到20世纪六七十年代以后才迅猛增长。而涉外非婚同居更是非婚同居发展过程中的一个新阶段，属于国际私法调整的新领域。因此，世界上绝大多数国家对这个领域的研究都比较欠缺。目前对于该问题的研究，大多集中于各国国内立法中对非婚同居关系立法规制的必要性、非婚同居关系的法律地位与性质、非婚同居财产关系的不同理论与模式（如非婚同居当事人的财产权属、管理与处分、分割以及与第三人的关系等方面）等的研究。另一方面，与本书相关的一个重要研究基础就是对法律选择方法的研究。

（一）国外研究综述

目前对涉外非婚同居财产关系准据法选择的研究主要表现在以下相关方面：

首先是对非婚同居问题本身的法律规制方面。20 世纪 80 年代后，一批学者围绕非婚同居问题著书立说。如美国阿尔温·托夫勒的《第三次浪潮》，威廉·J. 古德的《家庭》，加里斯坦利·贝克尔的《家庭论》；英国 F. R. 艾略特的《家庭：变革还是继续？》，R. 温特姆特和 M. 安德雷斯的《同性伴侣的法律承认》；日本野野山久也的《美国的离婚、再婚和同居》；法国米雷耶·德维尔－富尔戈德的《同居》；南斯拉夫米兰·波萨纳茨的《非婚姻家庭》等等都论及了非婚同居问题。进入 21 世纪，国外学者针对非婚同居的法律研究更是如火如荼。如著名杂志《国际家庭法、法律与政策》（*International Family Law, Law & Policy*）、《法律、政策与家庭国际杂志》（*International Journal of Law, Policy and the Family*）、《婚姻与家庭杂志》（*Journal of Marriage and Family*）等刊登了大量非婚同居的学术论文，《法律、政策与家庭国际杂志》甚至曾开设了同居问题的专期专刊。近年来，更有大量文章对非婚同居法律问题进行了研究。一是从宏观角度对非婚同居及其法律规制展开研究，主要论文有：斯蒂文·K. 毕瑞森的《非婚同居是否应适用婚姻法律制度？》；瑞贝克·普拉伯特和安内·保罗的《同居及其法律：近年欧洲的改革》；沙哈·丽芙施茨的《对西方国家同居法的自由分析》；马萨·阿贝斯通·凡曼的《法律与变化中的行为模式——对非婚同居的认可》；H. K. 威廉姆斯与R. E. 博文的《婚姻、同性恋与家庭伴侣》等。❶二是从国别非婚同居制度方面展开研究，主要论文有：尼可拉斯·伯拉的《加拿大“合法家庭”的历史与未来》；佩米拉·J. 斯莫克和温迪·D. 曼宁的《美国的非婚同居：人口学透视与隐含的家庭政策》；娄拉·奥斯特雷的《德国的非婚同居——规则、现实与公共论调》；麦克摩菲《英国的非婚同居》等。❷三是从非婚同居财产制度方面展开研

❶ 以上文献的英文原名及出处分别是：Steven K. Berenson. Should Cohabitation Matter in Family Law? [J] *Journal of Law & Family Studies*, Vol. 13, 2011; Rebecca Probert and Anne Barlow. Cohabitants and the law: recent European reforms [J]. *DEuFamR*, 2000(2); Shahar Lifshitz, A Liberal Analysis of Western Cohabitation Law[A]. Bar – Ilan University Public Law and Legal Theory's Working Paper, 2009; Martha Albertson Fineman. Law and Changing Patterns of Behavior: Sanctions on Non – Marital[A], Emory University School of Law, 2012; H. K. Williams R. E. Bowen. Marriage, Same – Sex Unions, and Domestic Partnership [J]. *The Georgetown Journal of Gender and Law*, 2000(1).

❷ 以上文献的英文原名及出处分别是：Nicholas Bala. The History and Future of the "Legal Family" in Canada[A]. Queen's Faculty of Law Legal Studies Research Paper, Nov. 29, 2007; Pamela J. Smock & Wendy D. Manning. Living Together Unmarried in the United States: Demographic Perspectives and Implications for Family Policy [J]. *Law & Policy*, Vol. 26, 2004(1); Ilona Ostner. Cohabitation in Germany—Rules, Reality and Public Discourses[J]. *International Journal of Law, Policy and the Family*, Vol. 15, 2001(1); Mike Murphy. Editorial: Cohabitation in Britain[J]. *Journal of the Royal Statistical Society*, 2000.

究，主要论文有：伊瑞姿·安罗妮的《登记（合同伴侣）关系》；温迪·S. 高菲的《为非婚同居伴侣准备有效的同居协议》；玛格丽特· 曼哈尼的《非婚同居当事人之间财产上的权利与义务》；阿莱茵·拉尔温特·威尔贝克的《同居关系中对当事人最低财产权利保护》等等。❶总之，在非婚同居法律问题本身的研究上，国外理论已经非常繁荣。而立法层面，对于非婚同居，目前既有比较激进的国家，如北欧多国直接将非婚同居视为一种与婚姻家庭并驾齐驱的新的家庭关系模式；也有相对保守的国家（地区），如德国、冰岛、美国的一些州（如佛蒙特州、夏威夷州、新泽西州、加利福尼亚州等）仍然坚持传统婚姻家庭的核心地位，而将非婚同居作为一种补充和例外，仅仅对同性同居者以及少数异性同居者适用。还有一些国家对非婚同居不置可否甚至直接否定，如埃塞俄比亚。而关于非婚同居财产关系中的财产权属、财产管理与处分、财产分割以及涉及第三人权益保护等方面，各国更是形成了错综复杂的法律制度。各国非婚同居领域的法律冲突异常突出，亟需协调。总之，这些研究及实践大多是以国内视野从实体法的角度对非婚同居法律问题展开研究与规制，而以涉外非婚同居为研究视野，对涉外非婚同居的法律问题尤其是准据法选择问题却鲜有涉及。因此，对实践中日益凸显的涉外

---

❶ 以上文献的英文原名及出处分别是：Erez Aloni. Registering Relationships [A]. Columbia University, Oct. 27, 2012; Wendy S. Goffe. Preparing Effective Cohabitation Agreements for Unmarried Couples [DB/OL]. http://papers. ssrn. com/sol3/results. cfm, April 27, 2011; Margaret M. Mahoney. The Economic Rights and Responsibilities of Unmarried Cohabitations [A]. University of Pittsburgh Legal Studies Research Paper Series. 2010; Alain – Laurent Verbeke. Towards a Minimum Property Protection for Unmarried Cohabitations [A]. University of Leuven, Faculty of Law, Department of Private Law, 2011.

非婚同居领域异常复杂的法律冲突尚缺乏足够的关注和必要的研究。

其次是在准据法选择方法的理论与实践方面。自20世纪中期以来，准据法选择方法出现了重大的发展与变革。随着社会经济的迅速发展，涉外民事关系变得日益复杂和多样化，传统单连接点的法律选择方法虽然确保了法律选择的确定性和易操作性，但由于其过于机械呆板而日益变得无法适应，由此导致了当代以来以美国为代表的冲突法革命。曾经一度有学者激进地主张完全抛弃传统客观僵化的冲突规则，转而对与具体涉外民事案件有联系的法域的各种法律进行内容分析和结果分析，探究这些法律背后的政策和利益，最后由法官作出选择，以获得更加公正的裁判。❶但是这种法律选择方法由于过于灵活、主观，因而美国学者西蒙尼德斯认为会不可避免地导致准据法选择上的擅断，导致准据法选择的不确定和不效率。实践证明，美国之外的其他国家几乎很少有采用这一功能主义方法的。❷于是20世纪80年代以后，美国的国际私法中出现了“冲突规则的回归”。美国国际私法这一次的革新主要体现在将传统的冲突规则与20世纪60年代后出现的功能主义法律选择方法相融合。如此一来，就既克服了传统冲突规则机械呆板的不足，又能有效避免单纯法律选择方法的主观随意与擅断，这种准据法选择机制使得法律选择的确定性与灵活性得以发挥，真正实现了冲突法正义与实体法正义的结合。美国《冲突法重述（第二次）》采用的最密切联系理论，就是这一法律选择机制的典型。除此之

---

❶ 英国学者莫里斯对此评价为：这种试图抛弃法律选择规则的做法，就等于是要抛出一个自动飞回的飞镖。See David McClean Kishch Beevers. *Morris*: *The Conflict of Laws* (*7th*)[M]. Sweet & Maxwell, 2009: 538.

❷ 转引自杜新丽. 法律选择方法研究[D]. 中国政法大学,2004.

外，当代国际私法的法律选择机制还非常重视法律实体价值的实现，包括对准据法选择的内容和结果正义的关注，日益注重对处弱势地位一方的特别保护，更多伦理价值对准据法选择机制的渗透等等。如美国西蒙尼德斯的《法典化与国际私法的灵活性——第十八届比较法国际学术大会总报告》、美国詹姆斯 A. R. 莱夫济格的《路易斯安那和俄勒冈州法律选择规则汇编》等都体现了这些变化。❶

当然，目前也有少数国家在涉外非婚同居财产关系的法律选择上走在前面。一个是 1999 年《斯洛文尼亚共和国关于国际私法的法律》的第 41 条对未婚同居财产关系的法律适用进行了规定；❷第二个是 2004 年《比利时国际私法典》专门有一章对涉外非婚同居关系进行调整，其中第 58 条界定了“同居关系”的概念，第 59 条规定了同

❶ See S. C. Symeonides. General Reports of the XVIIIth Congress of the International Academy of Comparative Law [R]. *Codification and Flexibility in Private International Law* [C]. Published in K. B. Brown and D. V. Snyder (eds.), 2011; James A. R. Nafziger, The Louisiana and Oregon Codifications of Choice - of - Law Rules in Context. Willamette University - College of Law, July, 18, 2010; etc.

❷ 1999 年《斯洛文尼亚共和国关于国际私法的法律》的第 41 条：1. 未婚同居者的财产关系，依其共同国籍国法。2. 本条第 1 款所指的同居者国籍不同的，适用其共同居所地国法。3. 未婚同居者的契约财产关系，适用缔约时支配其财产关系的法律。

居关系的国际管辖权，第60条明确了同居关系的准据法；[1]第三个是2007年《马其顿共和国关于国际私法的法律》第45条对未婚同居财产关系进行了明确规定。[2]此外，还有瑞士、德国、奥地利、立陶宛等国存在部分调整涉外非婚同居财产关系的法律规范。但总的说来，有这种明确立法的国家不多，而且，其对涉外非婚同居财产关系的法律选择的规定由于系统性不足而不甚科学和完整。

（二）国内研究综述

我国立法上，对“同居”问题正式规定始于最高人民法院1989年12月13日公布实施的《关于人民法院审理未办结婚登记而以夫妻名义同居生活案件的若干意见》（以下简称《同居案件若干意见》）。二十多年来，我国立法对非婚同居的态度，一是实现了从“非法同居关系”到“同居关系”表述上的转变。《婚姻法解释（一）》将婚姻法禁止的“有配偶者与他人同居”明确定义为有配

---

[1] 2004年《比利时国际私法典》第四章　同居关系：第58条：“同居关系”的概念：就本法而言，“同居关系”指需要到公共机构登记但不建立婚姻关系的同居状态。第59条：同居关系的国际管辖权：关于同居关系的任何诉讼类推适用第42条的规定。如果当事人双方在建立同居关系时在比利时有共同惯常居所，则建立同居关系的登记只能在比利时进行。如果同居关系已经在比利时登记，则终止同居关系的登记只能在比利时进行。第60条：同居关系的准据法：同居关系适用同居关系首次登记地国的法律。该法将主要确定同居关系建立的条件、同居关系对双方当事人财产的影响，以及终止同居关系的理由和条件。对第三人的保护类推适用第54条。如果所指定的法律没有关于同居关系的规定，则适用同居关系登记地国的法律。

[2] 2007年《马其顿共和国关于国际私法的法律》第45条：“1. 未婚同居者的财产关系，依当事人双方的国籍国法。2. 如果本条第1款所指之人的国籍不同，则依其最后的共同住所地国法。3. 未婚同居者的契约财产关系，依订立契约时支配其财产关系的法律。”

偶者与婚外异性不以夫妻名义稳定、持续地共同居住，至此，同居关系涵盖了所有婚外的同居关系，“非法同居”的法律概念正式取消。二是法律对非婚同居关系的态度，实现了从严肃惩处到尊重同居者意思自由的观念转变。司法实践中，《婚姻法解释（二）》中第1条一方面否认了人民法院对同居身份纠纷的受理权限，另一方面又肯定了人民法院对同居财产和子女抚养纠纷的受案权。与之相对应，《同居案件若干意见》将一般共有理论作为处理同居财产的理论基础。但是，上述《同居案件若干意见》又遵循了对妇女儿童特别保护的传统观念，作出了“解除同居关系时，一方在共同生活期间患有严重疾病未治愈的，分割财产时应给予适当照顾或给予一次性经济帮助”的规定。我国台湾“最高法院”民国三十一年11月19日的民刑庭总会决议以及“最高法院”民国三十三年上字第4412号判决等也有对非婚同居弱势一方特别保护的相关实践。❶

在理论方面，张民安教授最早开始专门研究“非婚同居”的法律问题，他于1994年以《非婚同居——比较家庭法上的一个重要课题》为题撰写了硕士论文，由此开启了我国非婚同居问题的法学研究；1999年，夏吟兰教授出版了《美国现代婚姻家庭制度》一书，较为系统地介绍了美国的非婚同居法律制度；此后，王洪、杨遂全、卓冬青等一批学者都研究了非婚同居的法律问题；陈苇主编的《婚姻家庭继承法学》（2005）以及郑小川编著的《亲属法原理·规则·案例》（2006）更是对非婚同居进行了专章专节论述。同时，一些学者纷纷在期刊上发表有关非婚同居的法学论文，如杨立

---

❶ 梁慧星. 民商法论丛(第2卷)[C]. 北京:法律出版社,1994:83－84.

新教授将非婚同居关系称为准婚姻关系或亚婚姻关系（2005）。在非婚同居财产关系方面，有学者从我国老年人在“搭伴养老”情况下权益维护的角度，提出了用“合伙原理”处理非婚同居财产纠纷的主张（中国法律年鉴，2007）。近几年来，还出现了一大批研究非婚同居法律问题的硕博士论文（如方霞、李进、张伟、王薇、秦志远等人的论文）。至于在涉外非婚同居关系的法律问题上，我国仅有一些零散的著述，如有学者提出通过“间接适用的法”和“直接适用的法”来调整我国的涉外非婚同居关系（何群，2007），有学者提出通过当事人协议选择的法律、同居地国法、属人法来解决涉外非婚同居财产关系的法律冲突（刘卫国，2009）。但总的来说，我国由于诸多原因，在取消“事实婚姻”概念之后对非婚同居关系的立法几乎处于真空状态，对国内非婚同居法律问题的研究还很不充分，对涉外非婚同居关系法律问题的研究则更是处于初始阶段，对这一涉外民事法律问题尚缺乏深入系统研究。

在准据法选择方法领域，我国很多学者对其进行了专门研究。如中国政法大学杜新丽教授专门撰写了《法律选择方法研究》的博士论文（2004），系统研究了准据法的选择方法；曲波的《国际私法本体下弱者利益的保护问题》（2009）和屈广清教授主持的国家社科基金课题“保护弱者的国际私法方法研究”（06BFX058）的系列成果则对准据法选择方法中的弱者利益保护进行了专门研究；[1]此外，2010年10月28日，我国通过了《涉外民事关系法律适用法》。尽管外国学者将其评价为“摸着石头过河”，但从这部法律看，我国法律选择方法呈现出与世界接轨的趋势：一是将意思

---

[1] 屈广清. 国际私法保护弱势群体的理论考量[J]. 福建政法管理干部学院学报,2007(2);屈广清. 国际私法之弱者保护[M]. 北京:商务印书馆,2011.

自治与最密切联系原则作为我国国际私法基本原则，一是将习惯居所代替国籍成为最重要的连接点。当然，对于其他一些问题，如当事人意思自治选择准据法与第三人利益的平衡等诸多问题尚未解决。❶

从总的趋势看，随着全球经济、社会的迅速发展，各国国民跨国交往的日益频繁，世界各国非婚同居现象呈现出迅速蔓延的趋势。因而反映在非婚同居的理论研究上，主要有以下趋势：一是世界各国对婚姻之外的非婚同居的态度大都在朝着法律认可的方向发展；二是各国大都在研究和制定一整套法律规则来规制非婚同居关系，应对非婚同居引起的新的法律问题；三是针对涉外非婚同居现象的出现，作为一种新型涉外民事关系，在国际私法层面研究涉外非婚同居的法律冲突问题已提上日程。

四、主要观点及创新

（一）主要观点

（1）建构涉外非婚同居财产关系准据法选择机制是应对涉外非婚同居日渐增多的必然举措。基于社会经济文化等的迅速发展，国际交往的日新月异，非婚同居必将走出国界，形成具有涉外因素的非婚同居关系。随着世界各国人民婚姻家庭观念的转变，涉外非婚同居在将来甚至有可能成为与涉外婚姻并驾齐驱的新型涉

---

❶ Knut Benjamin Pissler. Das neue Internationale Privatrecht der Volksrepublik China：Nach den Steinen tastend den Fluss überqueren（The New Private International Law of the People's Republic of China：Cross the River by Feeling the Stones）[A]. Max Planck Institute for Comparative and International Private Law，November 22，2011.

外民事关系。因此，在各国非婚同居法律制度歧异的情况下，面对涉外非婚同居当事人之间的纠纷尤其是财产纠纷，建构科学的准据法选择机制，有利于维护当事人的合法权益和健康的社会秩序。

（2）涉外非婚同居财产关系的准据法选择机制，包括依“管辖权处理方式”和依“冲突法处理方式”确定准据法两种路径。此两种路径对于涉外非婚同居财产关系准据法的选择都具有现实意义，但依“管辖权处理方式”确定涉外非婚同居财产关系准据法应尽量限制。

（3）依“冲突法处理方式”确定涉外非婚同居财产关系准据法，应当从冲突规范连接点的合理选择、法律选择方法的合理使用以及相关问题的准据法选择等几方面来建构涉外非婚同居财产关系的开放、灵活、系统、周延的层级化准据法选择机制。

（二）创新之处

本书的创新主要表现在以下几个方面：第一，研究领域上，当涉外非婚同居日渐增多并可能成为普遍社会现象的时候，大部分国家的国际私法尚未对该类新型涉外民事关系法律适用问题进行规定，而我国既没有关于非婚同居的专门立法，更谈不上有非婚同居法律冲突的解决途径。本书系我国首次对涉外非婚同居财产关系的准据法选择机制问题进行专门研究。第二，研究方法上，笔者进行了深入系统的比较和借鉴，一是通过对非婚同居法律制度本身的比较，对相关涉外财产关系的比较，总结其经验和方法；二是通过对法律选择方法乃至整个国际私法理论与实践发展的新趋势的纵向比较，揭示出涉外非婚同居财产关系准据法选择的发展方向。正是在这样两条路径下，本书完成了对涉外非婚同居财产关系准据法选择机制的构建。第三，研究视角上，在准据法选择机制的构建过程中，笔者特别注重了准据法选择机制与法价值以及伦理道德的结合，紧扣当代国际私法的价值取向，将这些法价值作为涉外非婚同居财产关系准据法选择的重要指针，尤其重视了伦理道德因素对涉外非婚同居财产关系准据法选择的影响。第四，研究结论上，本书认为，涉外非婚同居财产关系的准据法选择机制，是一种以管辖权的确定为前提，以规则、方法相互融合形成的灵活但不失客观、确定但不失周延、坚持冲突法正义但不失实体价值的层级化的法律选择方法体系为核心，以连接点的科学择定为重要内容的综合体。

五、研究方法与思路

（一）研究方法

本书在研究过程中主要采用了以下研究方法：第一，比较研究方法。比较研究是本书贯穿始终的研究方法，包括对各国非婚同居财产关系法律制度的比较，对传统冲突法与当代冲突法中连接点的比较，对涉外非婚同居财产关系与涉外婚姻以及涉外契约关系等相关领域财产关系特征的比较，对准据法选择机制中选择方法与规则的比较等。正是通过这些比较研究，本书试图阐释涉外非婚同居财产关系自身的特征，并借鉴相关领域的经验和做法，从而结合法律选择理论及实践乃至整个国际私法发展趋势，来探讨涉外非婚同居财产关系准据法选择机制的问题。第二，法社会学研究方法。非婚同居是一个极具社会性的领域，对非婚同居以及涉外非婚同居产生和存在的社会背景进行分析，紧密结合各国对非婚同居的不同态度和立法差异背后的社会背景，探究这一新型涉外民事关系存在的社会因素和应遵循的社会价值，以期建构出既符合国际私法理论发展趋势又反映涉外非婚同居财产关系社会属性的准据法选择机制是本书目标。

(二)研究思路

本书以具有涉外因素的非婚同居财产关系法律冲突为研究起点，试图通过对目前已经出现并且今后可能成为婚姻家庭领域与涉外婚姻并驾齐驱的新型涉外民事关系的准据法选择问题进行必要的探讨，建构涉外非婚同居财产关系宏观性的准据法选择机制。鉴于本书的研究领域和研究的循序渐进，本书首先在第一部分指出了该项研究的价值，界定了研究的范围，综述了该领域研究的现状。第二部分详细地梳理了涉外非婚同居财产关系的各种法律冲突，分析了目前在该领域准据法选择机制的缺失和不足。第三部分按照“管辖权处理方式”确定准据法的法律选择路径，既探讨了涉外非婚同居财产案件管辖权的确定问题，同时也阐释了涉外非婚同居财产关系依“管辖权处理方式”确定的准据法——法院地法。第四部分依“冲突法处理方式”确定涉外非婚同居财产关系准据法是本书的中心部分。无论是从涉外非婚同居财产关系这一新型涉外民事关系法律冲突的解决角度还是从当今法律选择方法的发展趋势角度，解决涉外非婚同居财产关系法律冲突还得将冲突规范指引确定准据法作为最主要的途径。第四部分首先论及了解决涉外非婚同居财产关系冲突规范的连接点的合理择定，然后以涉外婚姻财产关系和涉外合同关系中依“冲突法处理方式”确定准据法的方式为镜子，论述了涉外非婚同居财产关系中通过冲突规范确定准据法的方式。最后，本书在前述几部分研究成果的基础上，分析了我国涉外非婚同居财产关系的准据法选择问题，并提出了立法条文建议。

第二章　涉外非婚同居财产关系的法律冲突

20 世纪 70 年代以来，非婚同居逐渐成为一种普遍的社会现象，并有迅速蔓延之趋势。目前，世界上绝大多数国家都存在非婚同居现象，很多国家都针对本国的非婚同居情况进行立法或者在司法实践中予以积极应对。综合来看，非婚同居得到法律的认可和非婚同居当事人权益逐步扩大是趋势。但是目前，在非婚同居的法律承认方面，在非婚同居当事人的财产权属关系、财产管理与处分、同居财产分割等方面存在诸多的差异。于是，在当今非婚同居已经开始跨越国界且涉外非婚同居的法律适用日渐增多中势必会出现众多的法律冲突。

第一节　涉外非婚同居财产关系法律冲突的主要表现

一、非婚同居法律地位的不同

尽管当前世界各国大都存在非婚同居现象，但各国法律对待非婚同居的态度以及非婚同居的法律地位存在很大的差别。

(一)否认非婚同居

有部分国家虽然存在非婚同居现象，但立法上不支持不赞同非婚同居，未赋予非婚同居者相关权利。如埃塞俄比亚将非婚同居直接称为“非法同居”，并在其《民法典》“人法编”的第八章“非法同居”中明确规定，“非法同居”者之间既不产生配偶间的人身关系，也不产生任何共同财产制，相互之间也不产生提供生活保持义务和继承权。❶而美国作为观念相对前卫的国家，其佐治亚州、路易斯安那州和伊利诺伊州仍坚持传统观点，对非婚同居关系不予承认，因而否认非婚同居当事人相互间的权利，否认同居者对第三方的任何权利。如伊利诺伊州的 Hewitt v Hewitt 案就是完全否认非婚同居者权益的典型案例。❷

我国目前立法上也不承认非婚同居。我国对非婚同居关系的法律调整，大致经历了从“事实婚姻”到“非法同居”再到法律不调整“非婚同居”关系的几个阶段。目前主要有《婚姻法解释（一）》和《婚姻法解释（二）》的相关条文涉及非婚同居。但从这些条文来看，我国立法对非婚同居基本上无视其特殊性，既没有关于非婚同居中人身关系的明确规定，也未对非婚同居财产关系进行特别规定，仅将其视为一般共有。

(二)认可非婚同居

目前也有很多国家承认非婚同居的法律地位，并将其视为一种

---

❶ 埃塞俄比亚民法典[M]. 薛军，徐国栋译. 民法典译丛. 北京：中国法制出版社，2002.

❷ Hewitt v Hewitt. 394 NE2d 1209 – 1211 (Ⅲ 1979). 转引自王薇. 非婚同居法律制度比较研究[M]. 北京：人民出版社，2009：138.

“家庭”关系新模式：

（1）荷兰、瑞典、丹麦、挪威等作为对非婚同居承认和法律保护比较超前的国家，[1]制定了一系列调整非婚同居关系和明确同居者权利义务关系的法律。这些国家大多以“家庭伴侣法”的名义对非婚同居行为作出具体规制，明确赋予非婚同居当事人以权利。荷兰由于宽松的社会环境，其非婚同居率包括同性同居率都在迅速提高。[2]从20世纪80年代起，荷兰的非婚同居当事人可享受到税收、社会保障、养老金等方面与婚姻配偶相同的待遇。[3]瑞典由于有婚前同居的传统，故而非婚同居在瑞典是十分普遍的。到20世纪80年代末期，几乎一半的孩子为非婚同居女性所生。目前瑞典已经成为世界上结婚率最低的国家，全国有30%的住户是同居者。[4]因此，瑞典婚姻家庭领域的法律是多层次的，其中调整同性登记伴侣的《登记伴侣关系法》和调整“类似婚姻关系”的非婚同居伴侣关系的1987年《同居法》，已成为与瑞典婚姻法同等重要的法律。丹麦的《登记伴侣关系法》与挪威的《联合家庭法》都赋予了非婚同居者类似婚姻配偶的法律地位。丹麦甚至在1968年的《正式同居及其解除法案》第29条中直接规定，正式同居关系在所

---

[1] 乔新生. 荷兰立法观念缘何如此出新[N]. 检察日报,2001-06-27.

[2] Kathleen Kiernan. The Rise of Cohabitation and Childbearing Outside Marriage in Western Europe [J]. *International Journal of Law, Policy and the Family*, Vol. 15, 2001(1):1-12.

[3] David Bradley. Regulation of Unmarried Cohabitation in West-European Jurisdictions - Determinants of Legal Policy [J]. *International Journal of Law, Policy and the Family*, Vol. 15, 2001(1):22-50.

[4] 陈一筠. 同居关系会替代婚姻吗？——美国的最新研究报告[J]. 国外社会科学,1999(4).

有法律领域内具有与婚姻完全相同的法律效力。❶

（2）法国、英国、美国、加拿大、澳大利亚等国家也在一定程度上将非婚同居视为一种新型家庭关系而纳入法律调整的范畴。在法国，由于婚姻家庭领域发生了巨大变化，非婚同居者尤其是同性恋者对权利的不断主张，使得法国的立法机构在经历重重阻挠与修改之后，最终于 2000 年 1 月颁布并实施了《民事伴侣契约（PACS）与同居》的法令，该法包括“民事伴侣契约（PACS）”和“自由同居（Concubinage）”两章。其法律意义是法国法正式以法典的形式认可了 PACS 这种新型家庭关系和自由同居的传统非婚同居关系，并赋予了非婚同居伴侣在婚姻之外的 PACS 和自由同居中自由选择的权利。有学者认为，这是一种不同于婚姻模式的全新尝试。❷在英国，2005 年的《民事伴侣关系法》主要解决的是想结婚而无法结婚的同性同居者的问题。根据该法，同性同居伴侣经正式登记成立民事伴侣关系后，即取得与婚姻配偶相同的权利义务。❸可以说，实际上英国已“承认”了同性婚姻。至于异性非婚同居的问题，英国没有统一的明确的法律规定。在实践中，英

❶ 王洪．婚姻家庭热点问题研究[M]．重庆：重庆大学出版社，2000：93.

❷ Anne Barlow. Regulation of Cohabitation, Changing Family Policies and Social Attitudes: A Discussion of Britain within Europe [J]. *Law & Policy*, Vol. 26, 2004(1):57－86.

❸ Civil Partnership Bill. March 2004, http://www. publications. Parliament. Uk/pa/pabills. htm.

国主要通过“同居合同”（如 Tanner v Tanner 案[1]；Layton v Martin 案[2]）、“明示信托”（如 Paul v Constance 案[3]；Rowe v Prance[4]）、“默示信托”（如 Sprinette v Defoe 案[5]；Lloyds Bank Plc v Rosset 案[6]）、“财产性禁止反言”（如 Wayling v Jones 案[7]）等途径裁定同居者的权利。在美国，除了完全否认非婚同居者权利的三个州之外，其他州在对待非婚同居的法律地位上表现出较大的差异。一是几乎所有承认非婚同居的州都认可同居者之间签订的明示合同。[8]二是美国有很多州以不同的身份为依据来确定非婚同居者之间的权利义务关系，具体而言有：华盛顿州的一般性关系

---

[1] Tanner v Tanner (1975) 1 FLR 1341 70. 转引自〔英〕凯特·斯丹德利. 家庭法[M]. 屈广清译，北京：中国政法大学出版社，2004：82.

[2] Layton v Martin(1986) 2 FLR 277. 转引自〔英〕凯特·斯丹德利. 家庭法[M]. 屈广清译，北京：中国政法大学出版社，2004：82.

[3] Paul v Constance(1977) 1 WLR 527. 转引自〔英〕凯特·斯丹德利. 家庭法[M]. 屈广清译，北京：中国政法大学出版社，2004：69.

[4] Rowe v Prance(1999) 2 FLR 787. 转引自〔英〕凯特·斯丹德利. 家庭法[M]. 屈广清译，北京：中国政法大学出版社，2004：69.

[5] Sprinette v Defoe(1992) 2 FLR 388. 转引自〔英〕凯特·斯丹德利. 家庭法[M]. 屈广清译，北京：中国政法大学出版社，2004：73.

[6] Lloyds Bank Plc v Rosset(1991) 1 AC 107, (1990) 2 FLR 155. 转引自〔英〕凯特·斯丹德利. 家庭法[M]. 屈广清译，北京：中国政法大学出版社，2004：76.

[7] Wayling v Jones(1995) 2 FLR 1029. 转引自〔英〕凯特·斯丹德利. 家庭法[M]. 屈广清译，北京：中国政法大学出版社，2004：80.

[8] 1976—1981 年加利福尼亚州的 Marvin v Marvin 同居生活费案开创了美国依据非婚同居契约保护非婚同居关系明确同居者权利的先河。

身份；马萨诸塞州的同性婚姻配偶身份[1]和佛蒙特州的民事结合[2]身份；夏威夷州、新泽西州和加利福尼亚州等的登记家庭伴侣身份。[3]在加拿大，除魁北克等几个地方之外，非婚同居者同居一段时间后（如3年）也可取得与婚姻配偶一样的权利。而魁北克省的同居者必须经登记后其非婚同居关系才能得到保护。[4]总之，加拿大日益重视事实上的配偶关系的存在，承认类似婚姻关系，并试图给予像非婚同居者一样具有亲密成人关系的当事人与婚姻配偶一样的权利。[5]在澳大利亚，其六个州和两个地区都制定有《事实伴侣关系法》。总体上讲，其对待非婚同居的特点是，在立法上将制定法的权利给予各州，然后通过联邦判例法予以协调。同时，澳大利亚明确了这样两个原则，即在法律调整上，将满足法定条件的事实伴侣与未满足条件的同居伴侣区别对待；将事实伴侣与婚姻伴侣区别对待。[6]但澳大利亚各州在对待同性非婚同居的态度上差异

---

[1] 马萨诸塞州2003年的Goodridge诉公共卫生部一案促使州立法机关做出了立法上的回应，从而使得马萨诸塞州成为全美第一个允许同性结婚的州。

[2] 佛蒙特州立法机关针对1999年Baker诉佛蒙特州一案，通过一部法律，确认了一种被称之为“民事结合”的身份以替代同性婚姻，该法于2000年7月1日起生效。

[3] 1984年加利福尼亚州的Berkeley通过了全美第一部家庭伴侣关系条例，有4个地区（夏威夷州、新泽西州、加利福尼亚州、哥伦比亚特区）通过了州一级的家庭伴侣关系法。

[4] Nicholas Bala. The History and Future of the “Legal Family” in Canada [A]. Queen's Univ. Legal Studies Research Paper, Nov. 5, 2007:9.

[5] Nicholas Bala. The History and Future of the “Legal Family” in Canada [A]. Queen's Univ. Legal Studies Research Paper, Nov. 5, 2007:19.

[6] 转引自王薇. 非婚同居法律制度比较研究[M]. 北京：人民出版社，2009:287.

较大。

（3）有些国家只承认同性同居的非婚同居关系，而对异性非婚同居关系没有纳入立法调整的范畴，如德国。德国于2000年通过了《生活伴侣关系法》并于2004年进行了修改。该法仅是一部专门针对德国同性同居者关系进行法律调整的法案，对于异性非婚同居者是明确排除适用的。❶至于德国实际生活中存在的异性非婚同居关系的问题，实践中主要是通过民事法律中的一些基本规定进行处理的。此外，法院在裁判异性同居纠纷时也在一定程度上可以参考《生活伴侣关系法》。❷

此外，在同性同居问题上，尽管世界同性恋运动蓬勃发展，有一些国家和地区已明确允许同性婚姻，❸但有的国家只认可了区别于同性婚姻的同性非婚同居关系，❹仍然有很多国家的立法没有承

---

❶ 〔德〕迪特尔·施瓦布．德国家庭法[M]．王葆莳译，北京：法律出版社，2010：493.

❷ 王丽萍．婚姻家庭法律制度[M]．济南：山东人民出版社，2004.

❸ 截至2011年6月，在美国已有纽约州、康涅狄格州、马萨诸塞州、新罕布什尔州、佛蒙特州、爱荷华州和华盛顿特区等7个地区立法承认同性婚姻的合法地位。（新华社/路透社）http://finance.qq.com/a/20110626/000186.htm；2001年4月1日生效的荷兰《开放婚姻法》也明确承认同性婚姻；2003年的比利时也颁布了类似荷兰的同性婚姻法律；2003年6月，加拿大的安大略省赋予了同性婚姻合法的地位。

❹ 如瑞典有专门针对同性同居伴侣的《登记伴侣关系法》和未登记的同性同居伴侣可适用的《同居（联合家庭）法》；此外，挪威、丹麦、芬兰等国家都有针对同性同居伴侣的类似《登记伴侣关系法》的法案；德国2000年11月10日的《生活伴侣关系法》赋予了与同性婚姻几近相同的权利义务；奥地利《同性恋伴侣合法登记法案》也于2010年1月1日生效。

认同性非婚同居关系的合法地位而给予同性非婚同居者应有的权利。❶

二、当事人财产权属关系的不同

由于世界各国在非婚同居立法上的诸多差异，因此，对于非婚同居者之间的财产权属关系有着多样化的规定。综合来看，非婚同居者相互之间的财产权属关系主要有以下一些类型。

（一）类似婚姻的财产制

在世界上对非婚同居有法律规制的国家中，有相当一部分国家和地区对非婚同居当事人的财产权属问题采取的是类似婚姻关系的财产制。

（1）美国的华盛顿州将非婚同居当事人的权利尽可能广泛地赋予存在“一般性关系”❷的非婚同居伴侣。而且，任何一方非婚同居者在该关系存续期内所取得的财产，都归双方共同所有，形同夫妻共同财产。该规则不仅适用于异性非婚同居关系，也适用于同性非婚同居关系。❸而美国的佛蒙特州和马萨诸塞州则专门针对同性非婚同居者，或者通过“民事结合”的方式，或者以“夫妻身

---

❶ 如我国就没有任何关于同性非婚同居的立法规定，也没有同性同居者权利义务的相关规定。

❷ 美国华盛顿州以同居者的“一般性关系”身份为依据给予非婚同居者以法律保护，其“一般性关系”是指一种类似于婚姻的稳定的非婚同居关系。

❸ 王薇．非婚同居法律制度比较研究［M］．北京：人民出版社，2009：141.

份”，赋予同性非婚同居者以类似婚姻项下的财产权利。[1]

（2）英国法律规定，在非婚同居关系存续期间，调整非婚同居当事人之间的财产关系的法律规则与夫妻之间的财产关系的法律规则基本相似。所不同的主要是非婚同居伴侣之间没有相互扶养的义务，没有法定居住权。此外，在社会保障福利等公法上的财产利益归属方面，非婚同居关系不如婚姻关系那样有明确的救济措施。

（3）菲律宾1987年的《家庭法》是采用类似夫妻财产制的典型。该法第147条规定，达到结婚条件的男女，未结婚却以夫妻名义同居生活的，平等地拥有双方的薪金和收益，若无相反证据，则双方同居生活期间所获得的财产视为双方共同工作、劳动或努力所得，也即性质上类似于夫妻共同财产。

（4）丹麦1989年通过的《登记伴侣关系法》明确规定了同性同居伴侣几乎享有所有属于婚姻才有的权利，包括婚姻配偶的共同财产制；其他诸如保险、养老金、所得税减让、失业救济、社会保障等财产性权益方面，也几乎与婚姻配偶相同。[2]瑞典的《同居（联合家庭）法》既适用于异性同居伴侣也适用于同性同居伴侣。该法关于非婚同居当事人之间的财产制度与瑞典的夫妻共同财产制（推迟共有制）非常类似，即可以理解为非婚同居关系期内各自财

---

[1] S. C. Seufert. Going Dutch? A Comparison of the Vermont Civil Union Law to the Same－Sex Marriage Law of the Netherlands［J］. *Dickinson Journal of International Law*, Vol. 19, 2001:449－473; H. K. Williams R. E. Bowen. Marriage, Same－Sex Unions, and Domestic Partnership［J］. *The Georgetown Journal of Gender and Law*, 2000(1):337－359.

[2] 王薇. 非婚同居法律制度比较研究[M]. 北京:人民出版社,2009:311.

产归个人所有，但非婚同居关系解体时将一切同居财产视为共有财产进行分割。❶

（5）法国2000年1月生效的《民事伴侣契约（PACS）与同居》法令也可视为是采用类似夫妻共有财产制的模式。《法国民法典》人法卷第12编第515－5条规定，“民事伴侣契约”中的伴侣双方应该在契约中约定他们将对契约订立之后有偿取得的动产实行共同财产制度，否则，就推定这些动产为两人对半共有；另一方面，如果取得这些动产的日期无法确定时，也按此办理。在民事伴侣契约签订之后，两伴侣有偿成为所有人的财产部分，如果获得财产或者订购财产的文书中没有另外规定的，也推定其为两伴侣对半共有。❷

（6）德国针对同性同居伴侣适用的2001年《登记伴侣关系法》规定了同性同居伴侣采用几乎与婚姻相同的财产制。2004年的修订案进一步明确规定，同性同居伴侣的财产制，一是可以通过合同约定财产关系，但选择的财产制范围局限于婚姻法上所存在的财产制种类；二是没有约定财产制时采用法定财产制——剩余共同财产制，即对于同居伴侣在同居关系存续期间的“财产增益”部分认定为双方共有。❸

（二）约定财产制

采用约定财产制的国家，主要是考虑到当事人自愿选择非婚同居这一新型家庭模式，其本身就是要选择一种与婚姻约束不同的更

---

❶ 卓冬青，刘冰．婚姻家庭法[M]．广州：中山大学出版社，2002：176.

❷ 法国民法典[M]．罗结珍译，北京：法律出版社，2005：433.

❸ [德]迪特尔·施瓦布．德国家庭法[M]．王葆莳译，北京：法律出版社，2010：498－500.

加自由的同居模式，非婚同居的约定财产制就是其集中体现。目前，采用非婚同居约定财产制的代表性国家和地区主要有以下几个。

（1）美国以加利福尼亚为代表的众多州[1]都允许非婚同居当事人通过“同居合同”来约定同居双方之间的财产制度。1976年的Marvin v Marvin案宣告了承认非婚同居当事人之间同居合同并以此来调整同居当事人之间财产关系的可行性。该案在美国历史上第一次以司法判例的形式承认了非婚同居合同的法律效力，从而“开美国对非婚同居契约关系保护之先河”[2]。根据非婚同居当事人之间的同居合同，当事人可以就分担房租、生活费、抵押贷款、扶养责任以及同居关系解体后的财产分割等具体权利义务进行明确约定。

（2）澳大利亚各州的《事实伴侣关系法》明确规定非婚同居当事人双方可以通过订立“事实伴侣关系协议”的方式获得法律对其权利的承认与保护。在澳大利亚，事实伴侣之间可以在协议中就同居存续期间的财产归属、解体后的财产分割等财产事项进行约定。当然，澳大利亚的非婚同居约定财产制，会受到一定程度的限制。比如需要采用书面合同形式，以及对同居协议中出现情事变更导致明显不公平的情况下的法院的撤销权，等等。[3]

---

[1] 事实上，目前，全美除否定非婚同居的伊利诺伊州、佐治亚州和路易斯安那州外，几乎所有州都承认同居者之间所签订的明示合同尤其是书面合同。

[2] 夏吟兰. 美国现代婚姻家庭制度[M]. 北京：中国政法大学出版社，1999：28.

[3] 王薇. 非婚同居法律制度比较研究[M]. 北京：人民出版社，2009：278.

（3）英国对待非婚同居关系尽管比较保守，但一定程度上也承认非婚同居者之间通过签订同居合同的方式来约定相互之间的财产关系。英国法院认为，合法有效的同居合同应当得到认可，法院可以依据当事人之间的同居合同来处理同居当事人双方之间的财产纠纷，而不得以违背公共政策为由否定同居合同的法律效力。1975 年的 Tanner v Tanner ❶案就是其典型判例。但今天，英国已经很少采用同居合同理论来处理非婚同居当事人之间的财产关系。❷

（4）荷兰法律近年来也允许非婚同居伴侣双方基于合意订立伴侣关系契约来约定双方之间的财产归属。同居者之间的伴侣关系契约可以排除共同财产制，而就分别财产制、有限共有的分别财产制、有限制的共同财产制等作出约定。当然，这种伴侣关系契约必须经过公证之后才具有法律效力。❸

（三）剩余共同财产制

（1）荷兰关于非婚同居当事人双方之间的财产制度，除非当事人另有约定，荷兰登记伴侣关系法规定的就是剩余共同财产制。荷兰登记伴侣关系法规定，除非当事人另有约定，除非第三方明确

---

❶ Tanner v Tanner（1975）1 FLR 1341 70. 转引自〔英〕凯特·斯丹德利. 家庭法[M]. 屈广清译，北京：中国政法大学出版社，2004：82.

❷ Anne Barlow & Rebecca Probert. Regulating Marriage and Cohabitation：Changing Family Values and Policies in Europe and North America – an Introductory Critique [J]. *Law & Policy*, Vol. 26, 2004（1）：1 – 11. cited from Jane Lewis. *Individualism and Commitment in Marriage and Cohabitation* [M], LCD Research Series 8/99, London：Lord Chancellor's Department, 1999.

❸ 转引自王薇. 非婚同居法律制度比较研究[M]. 北京：人民出版社，2009：295.

表示只赠与同居者一方或者是通过遗嘱给予一方的财产，❶均为共同财产。也就是说，荷兰非婚同居者之间只是一种有限公有关系或者说剩余共同财产制。

(2)比利时对非婚同居当事人财产归属的调整是通过《建立法定同居关系法》来实现的。对非婚同居当事人之间的财产归属问题，比利时适用的是剩余共同财产制。也就是说，能证明权属属于伴侣一方所有的财产，就归该伴侣个人所有，包括同居伴侣个人的工资薪金及其他个人财产。而剩余的无法证明具体归属于哪一方所有的部分及其孳息归伴侣双方共有。❷

此外，正如前文提到的，德国同性同居当事人双方之间也有可能采用法定财产制即剩余共同财产制。同居者各自的财产及同居后取得的财产都归个人所有，剩余的同居期间的财产增益部分才是双方共有。❸

(四)分别财产制

(1)以挪威为代表的部分国家认为，非婚同居与婚姻是两种完全不同的家庭生活模式。因此，为了配合非婚同居当事人抵制婚姻过多约束的意愿，挪威在非婚同居问题上采用分别财产制。即挪威法律赋予非婚同居伴侣双方对各自取得的财产以个人所有权。个人财产可以完全自由支配，同样产生的个人债务也由相关当事人

---

❶ 转引自王薇. 非婚同居法律制度比较研究[M]. 北京:人民出版社,2009:294.

❷ 转引自王薇. 非婚同居法律制度比较研究[M]. 北京:人民出版社,2009:303.

❸ 陈苇. 外国婚姻家庭法比较研究[M]. 北京:群众出版社,2006:189;〔德〕迪特尔・施瓦布. 德国家庭法[M]. 王葆莳译,北京:法律出版社,2010:500.

独立承担，并且同居者彼此之间无权了解对方的财产状况。当然，对于非婚同居者之间订立的私人协议，法律一般也不会予以干预。❶

（2）德国虽然没有专门调整异性非婚同居财产关系的立法，但对于发生在德国的异性非婚同居当事人之间财产纠纷的处理，德国是按照相关民事法律规则进行处理的。其主要特征，总的来说就是当事人双方可以通过订立协议的方式在合法的前提下自由约定同居财产关系，包括共同住房、家具等物品和扶养关系等方面。此外，由于德国法律目前仍然不支持异性组建非婚共同生活体，所以对于非婚共同生活当事人带来的家庭物品等在所有权上仍然归原所有人单独所有；而共同生活期间购置的物品部分的权属，则按照“和物品相关的人取得所有权”的原则进行推断。❷这种规定与挪威的分别财产制并无本质的不同。

（五）否定非婚同居财产制

目前世界上仍然有许多国家不承认非婚同居，认为只有婚姻才是唯一的同居生活模式，因而拒绝给予非婚同居者相关权利。这些国家一般认为，非婚同居既然不能产生亲属法上的亲属关系，所以也就不可能产生只有特定身份关系才具有的财产制度。如《埃塞俄比亚民法典》规定“非法同居”者之间不产生配偶间的人身关系，也不产生任何共同财产制，相互之间也没有生活保持义务和继

---

❶ 转引自王薇．非婚同居法律制度比较研究[M]．北京：人民出版社，2009：316.

❷ 〔德〕迪特尔·施瓦布．德国家庭法[M]．王葆莳译，北京：法律出版社，2010：475－481.

承权。❶美国的路易斯安那、佐治亚和伊利诺伊三个州仍持传统观点，未赋予非婚同居者相互间以及同居者对于第三方的任何权利。❷此外，我国在 2001 年 12 月以前否认一切形式的非婚同居，直接将其定义为“非法同居”。目前虽然厘清了“非法同居”与非婚同居的概念，但很明显，我国立法并未将非婚同居财产关系视为特殊的财产关系，因而可以说对这种财产制基本上是否定的。

三、财产管理与处分的不同

由于各国在非婚同居当事人财产制方面规定的差异，所以，各国对非婚同居当事人在非婚同居关系存续期间对财产的管理与处分的内容也差异颇多。综合起来，目前主要有以下几种类型的规定。

（一）共同管理和处分同居财产模式

（1）美国原属法国和西班牙殖民地的一些州，如加利福尼亚州，其将非婚同居关系称为家庭伴侣关系。根据加州《家庭伴侣权利义务法》，法院应该按照加州夫妻共同财产制的法律规则来裁定非婚同居当事人对同居财产的管理与处分行为。❸其核心就是共同管理和处分同居财产。

---

❶ 埃塞俄比亚民法典[M]. 薛军，徐国栋译. 民法典译丛. 北京：中国法制出版社，2002.

❷ 转引自王薇. 非婚同居法律制度比较研究[M]. 北京：人民出版社，2009：132.

❸ 根据加利福尼亚州夫妻财产制的相关规定，对于共同财产，夫妻双方享有平等的管理权、处分权。陈苇. 外国婚姻家庭法比较研究[M]. 北京：群众出版社，2006：225.

（2）比利时《建立法定同居关系法》规定，非婚同居伴侣存续期间的生活费用以及引起的共同债务，同居者均有义务承担。此外，在家庭住所、住宅抵押及处理以及家庭主要财产的处分等方面，任何一方均无单独决定权，而需要同居伴侣双方同意。[1]

（3）瑞典1987年《同居（联合家庭）法》规定，针对类似婚姻的非婚同居关系中的同居财产，在同居关系持续期间，任何一方在没有经对方同意的情况下都不得处理基于共同使用目的所获得的共同住房及附属家庭物品等同居财产。

（二）协议管理和处分同居财产模式

（1）1976年以后的美国许多州都开始承认同居合同的合法性，[2]由此，各州的法律一般都允许非婚同居当事人之间对同居关系存续期间的财产管理与处分方面的事务作出约定，只要其同居合同是双方当事人的真实意思表示，且不违反法律的规定。在美国，除了很多州承认同居合同作为管理和处分非婚同居当事人同居财产的模式之外，以同居者身份作为调整非婚同居关系依据的一些州如华盛顿州、佛蒙特州和马萨诸塞州等，对于非婚同居当事人同居财产的管理和处分基本上是确认为一种类似婚姻的关系，按照婚姻财产制的相关规定处理，即大部分州按照分别财产制相关规定来调整同居当事人管理和处分同居财产的权利义务关系。[3]

---

[1] 转引自王薇．非婚同居法律制度比较研究[M]．北京：人民出版社，2009：303．

[2] 当然，几乎所有州都不承认以性为对价的合同，所以大多将非婚同居合同中的非法对价的性服务与合法的合同对价相分离，即“分离理论”。

[3] 陈苇．外国婚姻家庭法比较研究[M]．北京：群众出版社，2006：224．

（2）英国有承认同居合同合法性的判例，[1]并且英国法律委员会的改革建议中也有此趋势，[2]所以英国法理论与法院的判例中也有认可非婚同居当事人通过同居合同对同居财产的管理和处分进行约定的内容，这也符合英国家庭法的传统。

（3）挪威的《联合家庭法》在适用范围上，主要针对的是持续两年以上的非婚同居者以及已有子女或准备生育子女的非婚同居者。在非婚同居当事人的同居财产管理和处分方面，挪威法律有一个重要的原则即“不干预”。同居当事人对于同居期间取得的个人财产及债务完全由个人支配和承担。值得一提的是，挪威法律允许非婚同居当事人之间订立管理和处分同居财产的私人协议，这一私人协议至少具有私法上的效力。[3]

（三）约定加共同管理和处分相结合模式

（1）法国对于非婚同居当事人同居财产的管理和处分方面，采用的是类似于婚姻财产关系的规定。具体到非婚同居者管理与处分同居财产上，首先，法国的 PACS 法规定，可以按照缔约人（非婚同居者）的意志就双方的财产以及涉及第三人的权利进行自由的约定，只要该约定不违反相关法律规定都是有效的。也就是说，PACS 的当事人（非婚同居者）可以就管理和处分同居财产的问题进行约定。同时，如无相关约定，则基于非婚同居共同财产

---

[1] Tanner v Tanner (1975) 1 FLR 1341 70. 转引自〔英〕凯特·斯丹德利. 家庭法[M]. 屈广清译,北京:中国政法大学出版社,2004:82.

[2] 〔英〕凯特·斯丹德利. 家庭法[M]. 屈广清译,北京:中国政法大学出版社,2004:83－85.

[3] 王薇. 非婚同居法律制度比较研究[M]. 北京:人民出版社,2009:316－317.

制的相关规定，对于一些重大的财产性事务，同居者必须共同行使财产管理与处分权，否则受损害的一方可主张撤销。❶

（2）德国只有调整同性同居的《生活伴侣关系法》而没有专门规定异性非婚同居关系的法律。对于同性同居伴侣适用的《生活伴侣关系法》而言，对个人财产，按照法定财产制应该由个人管理和支配。而对于共有财产，首先同居当事人双方对他们的财产管理与处分既可约定由任何一方管理，也可约定双方共同管理；如没有约定，则由双方共同管理与处分。❷

（四）分别管理与共同处分相结合模式

荷兰《登记伴侣关系法》中对同居财产的管理与处分主要有以下一些规定：一方有权管理自己贡献给共同财产的部分；日常生活中所负的债务由双方共同承担；一方对家庭住宅等财产的法律处分须经对方同意；❸等等。由此可见，荷兰针对非婚同居当事人财产管理和处分的主要规定所采用的是一种分别管理与共同处分相结合的模式。

（五）法律不予专门调整

目前，世界上那些不承认非婚同居，对非婚同居者不予法律保

---

❶ 陈苇．外国婚姻家庭法比较研究［M］．北京：群众出版社，2006：181－182；王薇．非婚同居法律制度比较研究［M］．北京：人民出版社，2009：259.

❷ 陈苇．外国婚姻家庭法比较研究［M］．北京：群众出版社，2006：187；［德］迪特尔·施瓦布．德国家庭法［M］．王葆莳译，北京：法律出版社，2010：500.

❸ 王薇．非婚同居法律制度比较研究［M］．北京：人民出版社，2009：294.

护的国家和地区，大多对非婚同居者之间同居财产的管理与处分也没有专门法律予以调整。

（1）美国的伊利诺伊、佐治亚、路易斯安那等三个州由于始终坚持传统观点，认为非婚同居是对传统婚姻制度的破坏，从而在法律上予以抵制和否认。这三个州的非婚同居者之间如果出现对同居财产管理和处分上的纠纷而起诉到法院寻求救济的话，自然会因为缺乏专门的法律依据而无法被当做特殊的非婚同居财产关系进行处理。

（2）对于德国的异性非婚同居当事人而言，由于德国并未在立法上认可异性非婚同居关系，所以德国法主要是通过民法的相关规定来进行调整。从相关规定不难看出，德国法不太主张将异性同居看作一种特殊的身份关系而规定特殊的财产管理和处分等制度。所以，其相关法律规定表现出来的就是异性同居当事人各自管理与处分自己的财产，一般不形成表见代理，与普通民事关系并无本质区别。

四、同居财产分割模式的不同

（一）平均分割模式

（1）美国华盛顿州规定，非婚同居者在同居关系存续期内所获取的一切财产及财产性利益，都将被视为同居双方共同所有。所以，一旦非婚同居关系终止或者其中一方死亡，法院将会按照夫妻共同财产的方式公平合理地分割非婚同居当事人之间的财产。❶华盛顿州的这种财产分割方法，在确认了非婚同居关系具有相互依

---

❶ 转引自王薇．非婚同居法律制度比较研究［M］．北京：人民出版社，2009：141.

赖性的同时，又为同居财产如何分割提供了法定救济措施，除非非婚同居当事人另有协议。

（2）比利时对非婚同居当事人双方的财产，能够证明属于个人财产的归个人所有，不存在分割问题；但对于不能证明具体归属的财产部分归同居当事人双方共同所有，即视为同居财产。❶对于同居财产，依比利时的《建立法定同居关系法》的规定可以推导出是采取平均分割的模式。

（3）北欧的丹麦与瑞典，在非婚同居财产关系上主要采用的是共同财产制。所以，当非婚同居关系终止时，对非婚同居当事人同居财产的分割，通常是采用平均分割的模式。

（二）协议分割模式

（1）美国很多州都承认非婚同居当事人之间同居合同的合法性，在同居关系终止时，法院有根据非婚同居合同对同居财产进行分割的判例。如1988年的Whorton v Dillingham案中，一个男同性恋当事人在同居关系终止后，依据口头的同居合同主张对同居财产进行分割，法院最终确认了他作为秘书、厨师、侍从、商业伙伴所提供的服务（合法对价）合同的有效性而支持了他的请求。❷

（2）挪威的《联合家庭法》规定，在非婚同居当事人同居关系终止时，对同居财产的分割，法律同样也不会干预私人间所订立的财产协议。但在住房权益和家庭物品方面，挪威法律又适当地予以干预，即保障同居者在同居关系解体或一方死亡时对上述共同财

---

❶ 王薇. 非婚同居法律制度比较研究[M]. 北京:人民出版社,2009:303.

❷ Whorton v Dillingham,248 Cal Rptr 405（Cal Ct App 1988）. 转引自王薇. 非婚同居法律制度比较研究[M]. 北京:人民出版社,2009:140.

产权益的权利要求。❶

(三)协议分割与平均分割相结合的模式

(1)法国调整非婚同居关系的PACS法在非婚同居关系终止时，对于非婚同居当事人同居财产的分割采用的就是协议分割与平均分割相结合的模式。“民事伴侣契约当事人可以在PACS契约书中指明在契约结束时在同居期间有偿取得的一切财产归各自所有。否则，推定为解体时各自一半。……其他财产没有约定的，推定为解体时各自一半。”❷也就是说，在有明确的财产分割约定的情况下约定优先，没有约定或约定之外的情况下，按照平均分割的模式来分割双方的同居财产。

(2)瑞典《同居(联合家庭)法》规定，在同居关系终止时，先用同居财产偿还债务，其后有剩余的，由同居者双方平均分割。当然，在平均分割不公平的情况下，同居伴侣一方也可适当多分一些。❸同时，瑞典法律还允许同居伴侣通过书面协议或遗嘱另行约定财产分割方式。❹丹麦法律对于非婚同居当事人同居财产的分割，采用的是与瑞典相似的制度，按照类似婚姻共同财产制的相关

---

❶ 王薇. 非婚同居法律制度比较研究[M]. 北京:人民出版社,2009:321脚注①.

❷ 杨遂全. 中国之路与中国民法典:不能忽视的100个现实问题[M]. 北京:法律出版社,2005:288.

❸ Livia Sz Olah. Policy Changes and Family Stability: the Swedish Case[J]. *International Journal of Law, Policy and the Family*, 2001(15):118-134.

❹ Livia Sz Olah. Policy Changes and Family Stability: the Swedish Case[J]. *International Journal of Law, Policy and the Family*, 2001(15):118-134.

规定平均分割同居财产，但由于其本身的民族文化传统导致其在协议分割同居财产方面不如瑞典自由。❶

（3）荷兰法律对非婚同居当事人的财产分割既包括协议的模式也包括平均分割的模式。《登记伴侣关系法》允许同居当事人双方自由地约定财产制和财产分割方式。❷在荷兰的家庭伴侣关系中，还有一种被称为“阿姆斯特丹式的分配方法”即平均分割模式。这种分割模式中，伴侣双方可以通过契约将每年双方收入扣除共同家庭开支后的余额进行对半分配。❸

（4）根据德国《生活伴侣关系法》2004年修订案的规定，对于同性同居关系终止时的财产分割，与德国的婚姻财产分割制度相差无几，❹即采用约定财产制下的协议分割或者无约定时的对共有财产的平均分割模式。

（四）其他分割模式

（1）英国的非婚同居关系解体时，非婚同居当事人不能适用离婚法，这类财产纠纷也不能由家庭法院审理，只能按照普通财产案件对待。如果当事人之间缺乏有效的同居财产分割协议，就只能适用严格的财产法规则来处理同居财产分割的问题。此外，一旦遇到适用严格财产法规则处理会出现明显不公正时，英国的非婚

---

❶ T. Knudsen. *State Building in Scandinavia* [M]. in T. Knudsen (ed.), Welfare States' in Demark, University of Copenhagen: Institute of Political Science, 1991:95.

❷ 王薇. 非婚同居法律制度比较研究[M]. 北京:人民出版社,2009:295.

❸ 方霞. 非婚同居法律规制研究[D]. 西南政法大学,2005:21－22.

❹ 〔德〕迪特尔·施瓦布. 德国家庭法[M]. 王葆莳译,北京:法律出版社,2010:500.

同居者可通过英国财产法中的归复信托、推定信托和财产性禁止反言获得救济。❶

（2）澳大利亚的《事实伴侣关系法》所确立的财产分割方法是以区别财产制为基础，同时还考虑同居者对财产所做贡献的大小和对同居关系所做贡献的多少，进行合理的分割。具体说来，就是同居者在同居期间所得的财产归各同居者个人所有，同时考虑上述两种贡献，进行合理的分割。❷

（3）德国的异性非婚同居情况下，由于德国法不太主张将异性同居看作一种合法的身份关系而规定特殊的财产分割制度，所以，其民法中的相关法律规定表现出来的就是将其视为一般的财产关系看待。同居伴侣在同居关系终止时可以行使财产取回权，至于共有财产部分，则按照普通的按份共有看待。❸

（五）法律不予分割的模式

如美国的伊利诺伊、佐治亚、路易斯安那等三个州由于不承认非婚同居，所以各州都没有相关法律来保护非婚同居当事人的权益，对于非婚同居当事人在同居关系终止时所提出的任何同居财产分割诉求，都不会得到法院的支持。1979 年伊利诺伊州的 Hewitt v Hewitt 案中，尽管当事人双方同居了 15 年，但在关系破裂后，法院裁定 Hewitt 夫人无权参与财产分割和得到扶养费。后来 1990 年的

---

❶ Hammond v Mitchell(1999)2 All ER 109；Drake v Whip (1996)1FLR 826；Wayling v Jones(1995)2 FLR 1029. 转引自王薇. 非婚同居法律制度比较研究[M]. 北京：人民出版社，2009：223.

❷ 王薇. 非婚同居法律制度比较研究[M]. 北京：人民出版社，2009：279.

❸ 〔德〕迪特尔·施瓦布. 德国家庭法[M]. 王葆莳译，北京：法律出版社，2010：481.

Ayala v Fox 案、Medley v Strong 案等，法院都遵循了这一判例。[1]因此，像伊利诺伊州这样的地区，非婚同居者针对非婚同居关系所做出的非经济性贡献，都是不能参与同居财产分割的。

综上所述，由于世界各国中非婚同居社会现象的日益普遍，目前世界各国大多对该现象予以充分关注。并且有很多国家先后进行相关立法试图满足新的社会现实对法律的需求，因而目前世界上很多国家都制定了调整非婚同居关系尤其是财产关系的法律。然而，总的来说，从各国的相关立法来看，一旦涉外非婚同居现象普遍化，很可能会出现以下几个方面的重大冲突：一是相关国家对非婚同居在法律上的地位的认可与否的冲突。一旦出现这种冲突，那么在法律适用上，很可能造成法律适用结果上的迥异和案件处理结果是否被承认的问题。二是相关国家的法律是否全部承认和调整两种类型非婚同居即同性同居和异性同居所引起的冲突。如果同性同居的双方当事人分别来自承认同性同居的国家和不承认同性同居的国家，一旦这种涉外同性非婚同居者之间发生纠纷，那么这类案件在法律适用上同样会遭遇激烈的冲突；另一种情况，只承认异性同居国家的国民与不承认异性同居国家的国民发生涉外非婚同居时，在法律适用上的冲突也非常明显。诸如这些由于各国法律承认和保护的非婚同居的类型上的不同所导致的法律冲突的情况还有很多。[2]三是在相关国家中对非婚同居规定内容上的具体差异导致的冲突。尽管世界各国在非婚同居问题上的立法有一些共同的趋势，比如对非婚同居逐渐予以承认并进行法律调整，将非婚同居

---

[1] 王薇. 非婚同居法律制度比较研究[M]. 北京：人民出版社，2009：132－134.

[2] 如，不承认任何种类非婚同居的国家的居民与承认某些种类非婚同居国家的居民之间的涉外非婚同居，等等。

关系与婚姻关系在立法上进行一定的区别，同性同居得到承认的国家逐渐增多，对非婚同居者之间财产关系的法律调整普遍遵循比较自由的约定财产制或分别财产制，等等。但从前文不难发现，由于各国的文化、宗教、民族、社会以及道德等观念的不同以及人们对非婚同居本身态度的不同，各国调整非婚同居的具体法律规定也有很大的差异。这些差异必然会给相关国家的国民之间的涉外非婚同居财产关系的调整造成大量法律适用上的冲突。

第二节　涉外非婚同居财产关系法律冲突的产生原因

由于诸多的原因，目前非婚同居已经成为一个世界性的普遍现象，不论是倡导权利与自由的西方发达国家，还是文化传统偏向保守的东方国家中，大量适婚者选择非婚同居的生活方式已经成为一股不可逆转的潮流。同时，非婚同居现象本身也正在发生变化，除了传统的国内非婚同居外，具有涉外因素的涉外非婚同居也日渐增多。如此一来，当涉外非婚同居者之间出现纠纷尤其是财产纠纷时，法律冲突便不可避免，而这将成为法律适用领域的一个新课题。本书认为，涉外非婚同居财产关系法律冲突问题产生的原因主要有以下几方面。

一、社会经济原因

非婚同居尤其是涉外非婚同居现象的日益普遍，一个十分重要的原因就是以经济全球化为核心的社会经济的迅猛发展。始于近代以来的经济全球化进程，在“二战”以后，尤其是 20 世纪 90 年代以来，在新科技革命和更高的社会生产力水平的推动下，社会生产、分配、交换和消费的各个环节以及各种资本形态的运动都跨越了国界。各国在经济上相互渗透、相互依存的程度大大增强。进入21世纪以后，经济全球化以一种更加迅猛的速度发展，现已发展成以科技革命和信息技术发展为先导，涵盖生产、贸易、投资和金融等各个领域，囊括全球经济和与之相关的各个方面的快速发展的态势。全球社会经济的快速发展为涉外非婚同居的产生奠定了物质上的基础。

第一，伴随着全球社会经济的发展，个人尤其是女性的经济独立性日益提高，传统家庭所承载的物质生产和扶养功能日益削弱，因而个人对传统家庭的那种依赖性也日渐减弱。正如经济学家贝克尔的婚姻行为理论所说的，❶随着社会经济的发展，通过结婚带给男女双方的效用会逐渐递减。因此，当个体尤其是女性经济独立以后，对婚姻的依靠就逐渐消退。在经济发达、社会保障完备的北欧国家，这一点尤为突出。❷

第二，经济的迅猛增长也对传统家庭模式提出了新的挑战。一方面，个人拥有和可支配的财产越来越多，使得很多人（包括年轻男女、离异者及丧偶老人）为了避免家庭财产纠纷，回避婚姻家庭法律制度对财产的干预和约束，减少离婚带来的财产分割等一系列麻烦，而选择不婚的生活方式，即他们更愿意选择非婚同居这种

---

❶ ［美］加里斯坦利·贝克尔. 家庭论［M］. 王献生，王宇译，北京：商务印书馆，1998：343.

❷ 如北欧国家2000年至2001年有共同生活伴侣的25～34岁男女同居比例普遍超过70%。See Kathleen Kiernan. Unmarried Cohabitation and Parenthood in Britain and Europe［J］. *Law & Policy*, Vol. 26, 2004(1): 38, Figure 1.

财产和人身上相对自由的新型家庭生活方式；另一方面，经济发展促成了人口的自由流动，从而使得维系传统婚姻家庭稳定的外在环境因素处在不断变化中，非婚同居主体之间相互关系的松散性恰恰解决了这一问题。

第三，全球社会经济的快速发展，极大地推动了各国国民的流动，为跨国非婚同居的产生提供了更多的机会。20世纪以来的经济全球化浪潮，特别是越来越多的国家和地区加入WTO、贸易和投资领域的自由化、世界市场的形成和发展，这一切为世界各国国民的相互流动和交往提供了便利，从而也为世界各国国民的跨国非婚同居提供了便利条件。据联合国人口司的统计数据，1990年全世界约有1.5亿国际移徙者，2005年，国际移徙者人数达到1.91亿人的规模，其中约60%移居发达国家，有7500万国际移徙者居住在发展中国家。❶到2009年，这一数字则达到了2亿，占到全球人口的3%。近年来，我国作为世界最大的人口移出国和重要的移入国，人口移徙也日益频繁。❷这些跨国人口移徙主要由以下几个部分构成：❸一是定居移徙。像美国、加拿大、新西兰和澳大利亚等一些发达国家。二是用工移徙。1990年至2005年，前欧洲移民来源国（爱尔兰、希腊、意大利、西班牙和葡萄牙）内的移徙者人数增加了640万，达960万。在亚洲，海湾合作委员会的六个成

---

❶ 王国强，付伟．对国际人口移徙现状的分析及其思考[DB/OL]，中国人口新闻网，http://www.china.com.cn/renkou/2008-08/04/content_16128327.htm.2010-08-19.

❷ 见联合国2006年《国际移徙与发展》报告[R]．转引自仇晓慧．联合国报告称中国已输出3500万移民[DB/OL]．新民网，http://news.xinmin.cn/world/shehui/2006/06/08/22470_3.html，2010-08-19.

❸ 本部分参见联合国大会第60届会议，全球化和相互依存：2006年国际移徙与发展秘书长的报告[R]，2006：130-144.

员国吸引了大批邻国以及南亚和东南亚国家的移徙工人。从1985年到2005年，海湾合作委员会各成员国国内的外国人几乎增加了一倍，达1300万人。在非洲，南非长期以来通过临时工人计划，为其采矿业提供劳动力。2000年，在南非的矿井中有13.1万个外籍工人，占该行业劳动力的57%。一般情况下，各国对获准临时入境的低技能移徙工人规定不得携带家属。三是学生移徙。一些国家准许外国人在经过认可的教育机构选修课程或参加培训。在若干国家的高等教育机构注册的外国学生人数很多，而且正在迅速增加。截至2005年，在发达国家高等教育机构注册的外国学生达200万。发展中国家高等教育机构的外国学生人数也达到了28.2万人。此外，除了人员的跨国移徙之外，在国际经济贸易与跨国投资等国际民商事活动中，各国国民的相互往来，为不同国家和地区人们之间的接触与交往提供了便利，这也是产生跨国非婚同居一个十分重要的便利条件。

第四，经济发展后的科学技术的突飞猛进客观上也促进了非婚同居的蔓延。一是避孕措施的普及、避孕技术的提高以及医学技术的进步，非婚同居当事人十分担心的婚外生育能够简单有效地得以避免，这在一定意义上为非婚同居伴侣打消了这方面的顾虑。这一点恰好印证了罗素的“避孕法改变了性和婚姻的整个面貌，使性和婚姻区分开来”说法[1]。二是互联网技术的飞速发展，使实际生活中地处不同国家遥遥相隔的两个人能够现时甚至“面对面”地直接交流。可以说，互联网技术完全突破了不同国家国民空间上的障碍，大大地扩大了现代人交往的圈子，为跨国非婚同居拓宽了

---

[1] 〔英〕伯特兰·罗素. 性爱与婚姻[M]. 文良文化译，北京：中央编译出版社，2005：119.

交往的渠道。

二、文化与道德观念原因

各国文化的融合与道德观念的趋同，是导致涉外非婚同居出现并进而衍生出法律冲突的重要原因。

（一）婚姻家庭道德观变迁是非婚同居日益普遍的关键原因

世界各国非婚同居现象的日益普遍，一个非常重要的原因就在于人类婚姻家庭道德观的变迁。在人类社会漫长的历史长河中，以婚姻为基础的传统家庭观在人们的观念中一直占据着绝对的主导地位。无论中外，即使到了今天，以婚姻为基础结合的家庭仍然是社会单元的主要形态。但是，20 世纪尤其是 20 世纪六七十年代以来，世界各国尤其是欧美等西方国家在婚姻家庭观念方面呈现出巨大的变化。

人权、自由等理念主导下的“家庭革命”“去婚姻化”运动是导致人类婚姻家庭道德观念变迁的重要原因。在美国，以婚姻为基础的传统家庭的绝对主导地位受到了现实的强烈冲击，这一现象被人们称为“家庭革命”。美国“家庭革命”的主要表现包括，一是传统型的婚姻家庭受到剧烈冲击。个人对家庭的态度上独立自主性明显增强，个人与家庭之间的关系越来越松散，婚姻的稳定性和寿命明显降低，新型家庭的比重明显增加。据 2006 年一项调查显示，美国 50.3% 的“家庭”并不存在传统的婚姻关系，其中相当大的比率为“非婚姻型家庭”（即由同性恋或者异性恋组成的非婚姻家庭）。[1]二是非婚同居的新型结合日益普遍化。20 世纪中叶以后，非婚同居在美国迅速普遍化。到 21 世纪，非婚同居生活体业已成为美国社会非常普遍的“家庭”方式。正如有人预测的，“今后几年，同居……很可能会在美国社会中占据主导地位”[2]。据美国人口普查局权威数据显示，“1960 年异性非婚同居家庭数为 43.9 万；1970 年达到 50 万；1980 年增加到 150 万以上；1990 年为 255 万；2000 年接近 500 万”[3]；2010 年达到 750 万[4]。

20 世纪中叶以后美国社会爆发的“家庭革命”，究其原因，主要在于人们思想观念的根本改变。在 20 世纪六七十年代以后，美国人的思想观念日渐开放，对非婚同居的认可程度明显提高，同居可以从婚姻中分离出来的观点逐渐为美国人所接受。据 2002 年美国社会总调查数据显示，只有 36% 的成年人反对非婚同居；美国研究机构“全国婚姻项目”公布的 2005 年度调查报告表明，美国非婚

---

[1] 传统婚姻在美国地位明显下降[N]. 参考消息，2006－10－17；美国非婚家庭首次超过已婚家庭　同居伴侣增多[N]. 青年参考，2006－10－21（据《纽约时报》消息，美国人口普查局本月发表的《美国社区调查》发现，2005 年美国的 1.11 亿个家庭中，仅有 5520 万个是由已婚夫妇组成，占总数的 49.7%。）

[2] 传统婚姻在美国地位明显下降[N]. 参考消息，2006－10－17.

[3] Pamela J. Smock & Wendy D. Manning. Living Together Unmarried in the United States: Demographic Perspectives and Implications for Family Policy [J]. *Law & Policy*, Vol. 26, 2004(1):89.

[4] 何静. 美国婚姻家庭观念显著变化　近四成人认为结婚已过时[DB/OL]. 转引自新华网，http://news.xinhuanet.com/world/2010－11/19/c_12793935.htm. 2011－03－10.

同居人数急剧增加，近一半男女选择非婚同居。❶ 因此，可以说，美国人思想观念的改变，大大推动了以非婚同居为代表的新型家庭模式的普遍化。正如有关专家所认为的，美国非婚同居的日益普遍，除了经济上的考虑之外，最主要的原因就是人们婚姻和家庭观念的改变。❷

在美国正经历着“家庭革命”，非婚同居现象日益普遍的同时，欧洲国家由于长期以来倡导自由、人权观念，其婚姻家庭领域也在经历着一场重大的变革，即“去婚姻化”❸运动。20 世纪中期尤其是进入 21 世纪以来，非婚同居在欧洲国家中已然成为与传统婚姻并驾齐驱的新型家庭模式，完全颠覆了传统婚姻在家庭模式中的绝对中心地位。据调查，2001 年，欧洲国家就呈现出较高的非婚同居比率：尤其以北欧的瑞典、芬兰和丹麦为盛。他们 25 岁至 34 岁男女的非婚同居比率分别高达 85%、74%、73%。此外，法国该比率也达 67%，欧洲国家中非婚同居率较低的一般也在 30%以上。❹而长期作为西方发达国家的澳大利亚的非婚同居的比例也

---

❶ 史先振. 美国人离婚率下降　非婚同居人数增加[DB/OL]. 新华网, http://news. xinhuanet. com/mrdx/2005 – 07/21/content_3248009. htm. 2011 – 03 – 10.

❷ 何静. 美国婚姻家庭观念显著变化　近四成人认为结婚已过时[DB/OL]. 转引自新华网, http://news. xinhuanet. com/world/2010 – 11/19/c_12793935. htm. 2011 – 03 – 10.

❸ Kathleen Kiernan. Unmarried Cohabitation and Parenthood in Britain and Europe[J]. *Law & Policy*, Vol. 26, 2004(1):33 – 56.

❹ Kathleen Kiernan. Unmarried Cohabitation and Parenthood in Britain and Europe[J]. *Law & Policy*, Vol. 26, 2004(1):38.

在大幅增长，1980 年该数据为 23%，但到了 2008 年，该数据已达 78%。❶

在欧美非婚同居现象日益普遍化的背后，有着深刻的道德观念上的原因。这一现象是伴随着 20 世纪中期以来欧美国家中自由主义、女权主义以及同性恋的人权斗争等反传统运动的兴起所导致的价值观和生活方式的转变，人们对传统家庭模式和传统生活方式进行大胆挑战的结果。可以说，非婚同居的自由家庭模式一定程度上顺应了西方国家国民这种对自由与人权的一贯追求。

传统道德观念根深蒂固的我国，自 20 世纪 80 年代整个社会进入改革开放以来，一方面是社会本身的进步和人的解放，另一方面，西方自由、人权的思潮不断涌入，对中国传统的一元社会观念冲击很大。国人的观念日益开放，困扰国人几千年的贞操观念也日渐淡化。总而言之，国人的道德观念已经发生了重大的变化，非婚同居在当代国人的观念中，已经能够为大多数人所接受。如我国 1989 年的性调查中，反对婚前同居的比率达 68.7%，而到 2002 年一项针对在校大学生的调查数据显示“绝大多数人（90.5%）认为婚前同居是个人对生活方式的自由选择”❷。在实际非婚同居的调查中，据广东省民政厅 2003 年的调查数据，全省 1760 万个家庭中有超过 10% 的家庭由同居伴侣组建而成，有大约 200 万个家庭是没有办理结婚登记的。❸因此，在人们不断追求自由的人

❶ 澳家庭变化大　非婚生子及同居比例飙升[DB/OL]. 澳洲新快网，http://www.xkb.com.au/html/news/shehui/2010/0706/37699.html. 2011 - 03 - 10.

❷ 转引自王薇. 非婚同居法律制度比较研究[M]. 北京：人民出版社，2009:97.

❸ 何群. 同居关系的法律保护[J]. 宁夏社会科学，2005(3).

生价值观、道德观的影响下，性、生育与家庭生活“三位一体”的中国传统家庭模式已被打破，中国当代社会的非婚同居也已经很普遍。

（二）人们对待与外国人交往（包括同居）的观念变化是重要原因

20 世纪以来的经济全球化浪潮，特别是贸易和投资领域的不断自由化，以及世界市场的形成和发展，为世界各国之间人们的相互流动和交往提供了极大的便利。而世界各国国民之间跨国非婚同居的出现还需要完成一个观念上的转变，即各国国民对与外国人交往（包括同居）的态度须由排斥转变为理解和接受。

随着经济、社会、文化的发展，人类自身素质不断提高，人们的视野也在发生着重大的变化。一方面，在国际交流与经贸活动不甚发达的近代社会以前，各国国民的视野大多局限于本国甚至本地一个相对狭小的范围，由此导致的是对外国人的不了解，这种陌生感一定程度上又滋生出对外国人的排斥。另一方面，在当代社会以前，世界各国无论是在地域上，还是在经济、社会、文化以及道德方面，都存在着较大的差距，这些本身也是阻碍各国国民交往的屏障。这种障碍反过来更是成为各国国民相互排斥的重要原因。如此一来，不论是主观方面，还是客观上，不同国家人们对待与外国人交往的观念更多的是保守和排斥。进入 20 世纪六七十年代，尤其是 21 世纪以来，经济一体化、全球化浪潮加快，世界各国之间经贸往来出现了前所未有的局面。不论是发达国家之间，还是发展中国家与发达国家之间，以及发展中国家内部，都呈现出经贸往来和人员流动日益频繁的局面。世界各国国民的视野迅速扩大，对外国人的陌生感、排斥感日渐降低。同时，各国之间在经济、文化、道德等方面的趋同，为各国国民之间的交流奠定了基础。由此导致的直接结果就是世界各国国民之间的交往常态化。不同国家的人们对待与外国人交往（包括同居）的观念发生了深刻变化。这一点，从我国涉外婚姻登记的情况能够明显感觉到。据中国统计年鉴的统计，1990 年我国涉外（含港澳台）婚姻登记数为 23800 对，这一数字在 2000 年上升到 64900 对，在 2003 年上升到 78300 对；但在 2004 年（63500 对）之后则与国内结婚率一样呈现出逐年下降的趋势，至 2010 年下降到 49000 对。❶

（三）世界文化的融合是涉外非婚同居增多的助推力

1. 多元文化市场的形成与文化产业的发展促进了跨国交往

各国在文化和价值观念上的相同或近似，是涉外非婚同居产生的一个重要条件。随着全球社会经济的快速发展和经济全球化、一体化的影响，各国文化建设方面也取得了长足的发展。由于文化市场与文化产业化的推动，各国的文化建设在出现繁荣的同时，还呈现出趋同化的趋势。一方面，绝大部分国家都重视本国的文化市场建设。进入 20 世纪尤其是 21 世纪以来，各国在书籍出版、电视、电影、网络等方面投入了大量的人力物力，很多国家甚至还将其作为重要产业进行建设。在今天看来，不论是西方发达国家，还是落后的发展中国家，都在一定程度上将文化建设作为本国社会发展和经济建设的重要支柱之一。再加上现代信息技术的推动和各国对外交往的纵深发展，大部分国家的文化与文化市场不再是单一的、闭塞的，而是多元的、开放的。这样就在文化多元化与新兴自由观念之间形成一种相互促进关系。另一方面，世界各

---

❶ 详见《2011 年中国统计年鉴》[Z]. 北京：北京数通电子出版社，2011：21－33.

国不论政治体制、经济制度还是民族、语言等方面的差别，在文化方面都表现出不容忽视的趋同化。究其原因，一个是诸如书籍、艺术、电影、电视和音乐等文化产品市场的日渐集中和全球化，世界各地都可以收看到 ESPN、BBC 等广播电视节目。书籍、电视、电影、网络等文化吸收和交流激烈地冲击着画地为牢的各种宗教和文化禁地，促进了各国不同文化的融合，使世界文化在多样性之下又呈现出一种趋同性。世界各国文化的融合产生了新的文化观念，新的文化观念使以宗教和种族为特征的狭隘的文化认同基础进一步被削弱，不分民族、不分种族、不分肤色的新的文化认同观念得以建立。文化的融合以及知识的迅速传播，使得不同国家的人们在政治、经济尤其是社会、生活方式等方面的认识日益趋于一致。[1]另一个是科学技术的发展与信息传播途径的增多，为世界各国国民的文化交流和文化融合提供了便利条件。当今世界，科学技术的飞速发展，使得世界日益变“小”，各国国民之间的距离日益拉“近”，不论是交通还是信息传播技术，都为世界各国国民之间的交往和文化的交流提供了极大的便利。

2. 具体文化领域的趋同为跨国非婚同居消除了生活上的障碍

首先看家庭文化领域，一是在养儿防老、传宗接代的观念方面已经呈现出日渐淡化的趋势，取而代之的是将家庭重心转移到自身价值的实现与自我幸福的创造上。现代人追求自身的人生价值与幸福的家庭观念，越来越得到普遍的认可。二是在家庭经济方面，随着整个社会经济的发展，随着女性社会经济地位的提高，家

---

[1] 辛一山. 和谐世界建立的理据——趋同性[DB/OL]. 光明网，http://guancha.gmw.cn/content/2007－11/13/content_697059.htm 2011－03－13.

庭成员中经济彼此独立的观念日渐盛行。这种家庭经济上的彼此独立逐渐成为一种新的家庭文化因子，尤其受到现代年轻人的欢迎。三是在对待婚恋的态度上，越来越多的人更加注重婚恋本身的质量与幸福指数。现代人往往以婚恋本身的质量作为是否在一起的最重要的标准。一旦感情不再，大部分男女愿意选择离婚或者分手，而不是凑合和勉强维系。这一点可从现代各国离婚率、单身率逐渐走高得到印证。最后，在家庭消费观念与消费文化方面，世界各国也表现出一定程度的趋同化。尽管经济相对落后、社会保障水平较低的发展中国家的居民仍然表现出高于西方发达国家居民的储蓄意愿和储蓄率，但是一个总的趋势是这些国家的居民的消费意愿也在逐渐提高。这一方面得益于全球社会经济水平的整体提高，另一方面则是东西方居民在家庭消费观念与文化上的融合与趋同所致。

其次，饮食文化领域的趋同主要表现在以下几个方面：目前世界各国在吃的方面都表现出多样化的特征。在食物种类上，米饭、小麦、玉米、鸡肉蛋禽、蔬菜等方面的界限已不再十分清晰。在其他饮食方面，东方的茶道、西方的咖啡作为东西方饮食文化的代表，也出现了一定程度的融合。东方人开始喜欢喝咖啡，西方人也有很多开始喝茶。这种东西方饮食文化上的融合是世界各国长期交流的结果。

再次，在衣着文化方面，尽管各国仍然保留着各国、各民族的服饰装扮特征，但是各国国民衣着的作用是基本相同的，一为遮体、御寒；一为装扮漂亮。目前，世界各国的服饰文化中除了服饰最基本的遮体御寒功能外，服饰的装扮修饰功能及风格日渐趋同。在各国的广泛和深入交流下，衣着的颜色、款式、风格等审美方面也日渐接近。

最后，文艺的传播与交流也是促进世界各国国民彼此了解和交流的一个重要渠道。文学、戏剧、书法、音乐、美术和电影等艺术形式已经成为当代各国国民文化生活的重要组成部分。一方面，这些艺术形式丰富了各国国民的文化生活，艺术的跨国传播与交流促进了世界各国国民的交往。另一方面，文艺的传播与交流还有利于对外国国民艺术和生活的了解与认同，有利于各国文化的融合与趋同，还有利于各国国民对婚恋生活共同观念的形成与认同。

总之，由于世界各国的深入交流，文化的激烈碰撞，当今世界各国在家庭文化与观念、饮食文化与衣着审美等具体领域出现了融合与趋同。这些具体生活领域的相似与趋同反过来又深深影响着各国国民间的交流，促进了各国国民之间的深入交往，同时客观上也为异国国民之间的非婚同居（涉外非婚同居）生活提供了便利，消除了障碍。

3. 男女平等、女权主义运动的兴起对非婚同居起到了文化助推作用

20 世纪以来，尤其是“二战”以后民族国家和殖民地国家纷纷取得独立或解放，世界各国男女平等的思想占据了主导地位。一些男性占绝对支配地位的国家，也在男女平等思潮和女权主义运动的推动下逐渐改变了这一局面。很显然，男女平等、女权主义运动的兴起对非婚同居起到了文化助推作用。一方面，在男女平等、女权主义运动高涨的推动下，女性的社会经济地位得到明显改善，女性在经济上获得了更多的独立性。另一方面，在男女平等、女权主义的文化思潮下，传统的男人占支配地位的婚姻家庭观受到了挑战，而非婚同居关系能给女性带来较之于传统婚姻家庭更多的平等权利和更大的自由空间。因此，非婚同居的新型家庭模式便成了倡导男女平等者和女权主义者的一种选择。

总之，全球经济的快速发展，极大地拓宽了人们的视野，在各种社会运动、文化思潮、道德观念的碰撞过程中，文化与道德观念的融合与趋同，既为涉外非婚同居的产生提供了深层次的文化土壤，又为其提供了实际的便利。我们在探讨涉外非婚同居财产关系法律冲突解决的问题上也须注意到这些方面。

三、法律原因

(一)非婚同居财产关系理论分歧是法律冲突产生的根本原因

任何一种法律都是现实社会需求的反映，尽管立法者能够基于经验对未来可能新出现的社会关系予以提前设计和规制。但总体上来说，立法总是被社会现实的需求所推动，为当时的法学理论所影响。从人类社会法律的发展史来看，法律制度经历了一个由无到有、由少到多、由简单到复杂、由不够科学到科学合理的过程。这一过程始终是在一定法学研究与理论的指导下完成的。非婚同居作为一种当代才引起广泛关注的新型民事关系，其法律规制也必然会符合上述规律，即各国对非婚同居关系的法律调整在理论上必然会因为各国经济、社会、文化、道德观念以及法学流派等的不同而呈现出重大的分歧。

非婚同居关系作为一种新型民事关系，它是对人类千百年来传统婚姻家庭模式的打破。与婚姻家庭关系法律调整的成熟相比，各国法学理论对非婚同居关系的研究显然处于很不成熟的探索阶段。对非婚同居关系中的财产关系而言，一方面，它不同于婚姻关系下的财产关系。非婚同居的日益普遍毕竟是社会经济发展到一定阶段才有的社会现象，非婚同居关系本质上与婚姻关系有着根本的区别。因而相应地在理论上，法律对非婚同居财产关系的调整不可能与婚姻财产关系相同。另一方面，非婚同居财产关系因为毕竟是以一定“身份”为基础的财产关系，因而与普通的财产关系有着本质差别。正是基于非婚同居关系的特殊性，各国学者对非婚同居财产关系性质的认识以及法律究竟应该如何调整莫衷一是。在对非婚同居财产关系性质的认识上，有的国家（地区）认为应该按照民事契约理论来构建非婚同居财产关系的法律制度，如德国、美国绝大部分州、澳大利亚等。有的国家主张应该采用民事合伙理论来处理非婚同居财产关系，如有部分日本学者及我国学者持此主张。还有一些国家的学者认为应该按照民事共有理论来规制非婚同居财产关系，如菲律宾、丹麦、法国等众多国家的学者认为非婚同居当事人之间应该基于非婚同居与夫妻关系类似而将其财产关系视为共有关系；另外，我国相关司法解释和司法实践则是按照一般共有理论来处理非婚同居财产关系的。总之，目前各国在非婚同居财产关系理论认识上分歧很大，甚至很多国家在国内都没能达成共识。正是这些不同的理论认识，直接影响了各国在非婚同居财产关系领域的立法。

（二）非婚同居财产关系立法差异是法律冲突产生的直接原因

承前所述，随着社会经济的发展和人们观念的更新，目前世界上绝大部分国家都存在非婚同居现象，并且越来越多的国家在法律上允许或者不再禁止非婚同居。这也就是说，现代各国中通过立法来规制非婚同居解决非婚同居纠纷的国家越来越多。然而，各国由于政治、经济、社会、文化乃至道德观念上的不同，所导致的对待非婚同居的态度上的差别非常之大。由此，在这一区别于涉外婚姻关系的新型涉外“身份”关系领域，各国立法的差异远胜于涉外婚姻关系。因此，随着涉外非婚同居的出现和普遍化，在涉外非婚同居关系尤其是其中的财产关系方面，法律冲突将会日益加剧。很显然，各国在该领域立法上的差异是导致本论题中法律冲突产生的直接原因。

概括起来，目前世界各国在非婚同居财产关系立法上的差异主要有以下几个方面。

（1）非婚同居的法律地位方面。有很多国家承认非婚同居的法律地位，或者以"家庭伴侣法"名义对非婚同居行为作出具体规制，明确赋予非婚同居当事人以权利，并且非婚同居者能享受到的权利（权益）与婚姻配偶相差无几；[1]或者一定程度上将非婚同居视为一种新型家庭关系纳入其法律调整的范畴，从而使非婚同居成为区别于婚姻的一种得到法律承认和调整的新型家庭关系。[2]另一方面，也有一些国家的法律明确反对或不承认非婚同居，其法律不赋予非婚同居者相关权利（权益）。[3]此外，在非婚同居中同性同

---

[1] 如荷兰、瑞典、丹麦、挪威等国家。如荷兰的非婚同居当事人可享受到税收、社会保障、养老金等方面与婚姻配偶相同的待遇；丹麦的《登记伴侣关系法》与挪威的《联合家庭法》都赋予了非婚同居者类似婚姻的法律地位。

[2] 如法国《民事伴侣契约(PACS)与同居》法令认可PACS的新型家庭关系和自由同居的传统非婚同居关系；英国则"承认"了同性婚姻，实践中对异性非婚同居问题也予以调整；美国绝大部分州认可和调整非婚同居关系；澳大利亚认可非婚同居，但将事实伴侣与婚姻伴侣区别对待。

[3] 如埃塞俄比亚将非婚同居直接称为"非法同居"，其同居者之间不产生任何共同财产，相互间也不产生提供生活保持义务和继承权；美国伊利诺伊州、佐治亚州和路易斯安那州也完全否认非婚同居关系；我国目前立法上也不承认非婚同居。

居的地位上，各国差异则更大。[1]

（2）非婚同居当事人的财产权属关系方面。有的国家（地区）采取类似婚姻关系的财产制，如美国华盛顿州、佛蒙特州和马萨诸塞州，[2]英国，[3]菲律宾，[4]丹麦[5]等。有的国家（地区）采用约定财产制，如美国加利福尼亚、澳大利亚、荷兰、德国

---

❶ 有的国家和地区已明确认可同性婚姻，如美国的纽约州、康涅狄格州、马萨诸塞州、新罕布什尔州、佛蒙特州、爱荷华州和华盛顿特区等7个地区以及荷兰、比利时、加拿大的安大略省等；有的国家认可了同性非婚同居关系但不认可同性婚姻，如瑞典、挪威、丹麦、芬兰等国；有些国家只承认同性同居的非婚同居关系而不认可异性非婚同居关系，如德国；而大部分国家的立法没有承认同性非婚同居关系的合法地位而给予非婚同居者应有的权利。

❷ 美国的华盛顿州规定非婚同居任何一方在同居期间所取得的任何财产和利益，都被视为双方共同所有，类似于夫妻共同财产；佛蒙特州和马萨诸塞州则赋予同性非婚同居者以类似婚姻项下的财产权利。

❸ 英国调整非婚同居当事人之间和夫妻之间的财产关系的法律规则也基本相似，所不同的主要是非婚同居伴侣之间没有相互扶养的义务，没有法定居住权。此外，在社会保障福利等公法上的财产利益归属方面，不如婚姻关系那样有明确的救济措施。

❹ 其1987年的《家庭法》第147条规定，符合结婚条件的男女，未结婚以夫妻名义共同生活的，平等地拥有其收益和薪金，如无相反证据证明，双方共同生活期间所得财产视为共同努力、工作或劳动所得，即类似夫妻共同财产。

❺ 其1989年通过的《登记伴侣关系法》明确规定，同性同居伴侣几乎享有所有属于婚姻才有的权利义务，包括婚姻配偶的共同财产制。

等。[1]有的国家规定了剩余共同财产制，像荷兰、比利时、德国等都存在这种剩余共同财产制。[2]有的国家存在分别财产制，如挪威。[3]

（3）非婚同居当事人财产管理与处分方面。一是共同管理和处分同居财产的模式，如美国一些州、比利时等国家和地区。[4]二是当事人约定管理和处分同居财产模式，如挪威、美国的一些州以

---

[1] 美国除否定非婚同居的三个州外，几乎所有州都承认同居者之间签订明示合同约定财产制；澳大利亚事实伴侣之间可以在协议中就同居存续期间的财产归属、解体后的财产分割等财产事项进行约定；荷兰同居者之间可通过伴侣关系契约就分别财产制、有限共有的分别财产制、有限制的共同财产制等作出约定。

[2] 如荷兰规定除非当事人另有约定，其登记伴侣关系法规定的就是剩余共同财产制；比利时《建立法定同居关系法》适用的也是剩余共同财产制；德国同性同居双方之间也可以采用法定财产制即剩余共同财产制。

[3] 如挪威法律赋予非婚同居伴侣双方对各自取得的财产的个人所有权，个人财产可以完全自由支配，个人债务也由相关当事人独立承担，并且同居者彼此之间无权了解对方的财产状况。

[4] 美国原属法国和西班牙殖民地的一些州，如加利福尼亚州《家庭伴侣权利义务法》规定，法院应按照加州夫妻共同财产制的法律规则来裁定非婚同居当事人对同居财产的管理与处分行为，其核心就是共同管理与处分同居财产；比利时《建立法定同居关系法》规定，非婚同居伴侣存续期间的生活费用及引起的共同债务，同居者均有义务承担。此外，在家庭住所、住宅抵押及处理以及家庭主要财产处分等方面，任何一方均无单独决定权，而需要同居伴侣双方同意。

及英国的判例。❶三是多种管理和处分相结合的灵活模式，如法国❷、德国❸等国家。此外，那些不承认非婚同居的国家当然没有调整非婚同居者之间的同居财产管理与处分的规定。

（4）非婚同居当事人同居财产分割方面。一是平均分割模式，如美国华盛顿州、比利时、丹麦、瑞典等国家和地区。❹二是协议分割模式，允许非婚同居者协议约定财产制的国家一般同时也会承认同居关系终止时的协议分割约定，如美国很多州、挪威等国家和地区。三是协议分割与平均分割相结合的分割模式，如法

---

❶ 挪威法律一个重要的原则即“不干预”，允许非婚同居当事人之间订立管理与处分同居财产的私人协议，这一私人协议至少具有私法上的效力；美国各州的法律一般都允许非婚同居当事人之间对同居关系存续期间的财产管理与处分方面的事务作出约定；英国法理论与法院的判例中也有认可非婚同居当事人通过同居合同对同居财产管理与处分进行约定的内容，如 Tanner v Tanner（1975）1 FLR 1341 70。

❷ 法国 PACS 的当事人（非婚同居者）可以就管理与处分同居财产的问题进行约定，如无相关约定，则基于非婚同居共同财产制的相关规定。对于一些重大的财产性事务，同居者必须共同行使财产管理与处分权。

❸ 德国调整同性同居伴侣的《生活伴侣关系法》对于共有财产，同居当事人双方可以对他们的财产管理与处分既约定由任何一方管理，也可约定为双方共同管理；如没有约定，则由双方共同管理与处分。

❹ 美国华盛顿州规定，在非婚同居关系解除或者一方死亡时，法院将会按照夫妻共同财产的方式公平合理地分割非婚同居当事人之间的财产；比利时对于不能证明具体归属的财产部分视为双方共同所有，应该平均分割；丹麦与瑞典，在非婚同居财产关系上主要采用的是共同财产制，当非婚同居关系终止时，对非婚同居当事人同居财产的分割，通常也是采用平均分割的模式。

国、瑞典、丹麦、荷兰、德国等。[1]此外，英国的非婚同居关系解体时的财产纠纷，如果当事人之间缺乏有效的同居财产分割协议，就只能适用严格的财产法规则来处理同居财产分割的问题。澳大利亚的《事实伴侣关系法》还考虑同居者对财产所做的贡献以及对同居关系所做的贡献，进行合理的分割。

总之，全球社会经济发展到一定阶段之后，人们对待婚姻与家庭的深层次观念发生改变，随之而来的生活方式发生变革等一系列原因，催生了非婚同居由国内向国际的延伸，从而引起涉外非婚同居在法律适用上的冲突，尤其是在非婚同居财产关系方面的冲突。

第三节　涉外非婚同居财产关系法律冲突解决机制的必要性

一、涉外非婚同居财产关系法律冲突的解决现状

承前所述，非婚同居随着现代社会经济文化的迅速发展而成为现代婚姻家庭领域的一种新类型同居模式，并且非婚同居在世界范

---

[1] 法国PACS法规定民事伴侣契约当事人可以在PACS契约书中指明在契约结束时在同居期间有偿取得的一切财产归各自所有，否则，推定为解体时各自一半。瑞典《同居（联合家庭）法》规定，由同居者双方平均分割财产，同时法律还允许同居伴侣通过书面协议或遗嘱另行约定财产分割方式。丹麦采用的是与瑞典相似的制度。荷兰既存在《登记伴侣关系法》规定的双方自由约定财产分割方式，还存在被称为“阿姆斯特丹式的分配方法”的平均分割模式。德国《生活伴侣关系法》对于同性同居关系终止时的财产分割也是采用约定财产制下的协议分割或者无约定时候的对共有财产的平均分割模式。

国内日益普遍，甚至出现了与婚姻同居相并行的趋势。然而世界各国在对待非婚同居的整体态度和具体规制方面大相径庭，这造成了世界范围内非婚同居法律规制的复杂和普遍的法律冲突。因此，随着非婚同居跨越国界，随着具有涉外因素的非婚同居的出现，涉外非婚同居关系的法律适用问题便成了国际私法中的一个新课题。

由于涉外非婚同居目前尚不具有普遍性仍属于新生事物，因此，纵观世界各国，在解决涉外非婚同居财产关系法律冲突方面，并无统一模式。目前，世界范围内解决涉外非婚同居财产关系法律冲突的方式主要有以下几种。

(一)采用独特的准据法选择机制

当前有一些国家将涉外非婚同居（大多限于同性同居）视为一种新型的涉外民事关系，因而采用了与传统涉外民事关系不同的准据法选择机制。以德国为例，德国的非婚同居制度相对保守，其非婚同居制度原则上不认可异性之间的非婚同居，这主要源于德国法律否认同性婚姻，因而将非婚同居限定在同性同居（同性生活伴侣关系）情况。根据《德国民法典施行法》（2006 年版）的规定，涉外婚姻财产关系适用结婚时支配婚姻一般效力的法律，适用夫妻双方选择的法律（夫妻一方的本国法、夫妻一方的惯常居所地国法、不动产所在地法）。其第 17b 条是专门针对涉外非婚同居（同性同居）关系的法律适用制度，在法律适用方面与涉外婚姻有明显不同。根据该条规定，对注册（登记）的同性生活伴侣之间的财产关系，依照注册（登记）地国实体法的规定；对于同性同居当事人之间的养老金补偿问题可适用同居者一方的属人法或德国法；对于同性同居者之间位于德国境内的动产权益，适用德国法

（物之所在地法）。❶

（二）采用与涉外婚姻财产关系类似的准据法选择机制

瑞士、奥地利、立陶宛及马其顿等国家，由于将非婚同居视为与婚姻家庭相似的新型家庭关系，因而其法律适用与婚姻财产关系几乎没有实质区别。相应地，在涉外非婚同居财产关系的法律适用方面，这些国家就自然而然地采用了与涉外婚姻财产关系法律冲突解决相似的规则和制度。如《瑞士关于国际私法的联邦法》第65a条明确规定，婚姻关系的法律适用制度类推适用于登记（注册）的同性伴侣关系，即依次适用：当事人双方明示选择的法律（住所所在地国法、一方本国法），未选择法律时适用当事人双方同时有住所地国法、最后同时有住所地国法、共同本国法，而没有相应规定时，直接适用瑞士法。❷《奥地利共和国关于国际私法的联邦法》第27c条明确规定非婚同居（经注册的同性伴侣关系）财产关系适用与涉外婚姻财产关系相同的法律，即适用同居当事人明示选择的法律，或者注册同性伴侣关系成立地国法。❸《立陶宛共和国民法典》（2001年7月1日生效）对非婚同居的法律冲突采用了与婚姻几乎相同的准据法选择制度，该法第1.29条规定，“同居及离婚，适用固定住所地法”，无共同固定住所地的，适用最后固

---

❶ 邹国勇译注. 外国国际私法立法精选[M]. 北京：中国政法大学出版社，2011：7－10.

❷ 邹国勇译注. 外国国际私法立法精选[M]. 北京：中国政法大学出版社，2011：155.

❸ 奥地利共和国关于国际私法的联邦法[Z]. 邹国勇译，载于民商法论丛（第46卷）[C]. 北京：法律出版社，2010：616－620.

定住所地法，再次可适用受案法院所在地法。❶《马其顿共和国关于国际私法的法律》第 45 条也采用了与婚姻关系相类似的准据法确定方法，即首先依当事人国籍国法，国籍不同的依最后共同住所地国法，契约财产关系依契约订立时支配其财产关系的法律。❷

（三）采用与合同关系类似的准据法选择机制

目前，有些国家（地区）并未将涉外非婚同居视为一种特殊的涉外民事关系，而是将其视为契约关系来构建涉外非婚同居财产关系的准据法选择制度。最典型的是美国的非婚同居合同关系理论。1976 年美国加利福尼亚州 Marvin V. Marvin 案最终虽未明确支持原告方的诉讼请求，但在非婚同居财产分割上确认了运用合同理论处理非婚同居财产关系的方法。后来美国的康涅狄格、俄勒冈等州都援用了这一理论，认为非婚同居财产关系是一种合同财产关系。因而，在这些州之间的非婚同居财产纠纷案件，可以运用涉外合同财产关系的准据法选择方法解决。

（四）拒绝以冲突法方式调整涉外非婚同居财产关系

在禁止或者不承认非婚同居关系的国家，一般以公共秩序等为理由主张直接适用法院地法，从而在事实上等于拒绝了以冲突法的方式来调整涉外非婚同居财产关系。以我国为例，对非婚同居关系规定得最多的当属 1989 年最高人民法院《同居案件若干意见》，此外，在《婚姻法解释（一）》和《婚姻法解释（二）》中都提到

---

❶ 立陶宛共和国民法典[Z]. 邹国勇译，载于中国国际私法与比较法年刊(第 7 卷)[C]. 北京：法律出版社，2005：620－621.

❷ 马其顿共和国关于国际私法的法律[Z]. 邹国勇译，载于中国国际私法与比较法年刊(第 12 卷)[C]. 北京：北京大学出版社，2009：545－546.

了非婚同居问题。至于涉外非婚同居财产关系的准据法选择问题，我国的规定目前为零。从上述三个法律文件，我们不难发现，一是我国目前尚未将非婚同居关系列为法律所承认的同居模式，因而《婚姻法解释（二）》第1条作出了人民法院对同居身份关系纠纷不予受理的规定。二是基于实际情况，我国法院又将非婚同居财产纠纷列入了法院受案范围，并按照一般共有理论对同居财产进行处理。三是在分割非婚同居财产方面，我国也将照顾妇女、儿童利益作为基本原则。[1]由此可见，我国虽没有正式的非婚同居法律制度，但实践上又认识到了非婚同居存在的事实。从上述规定，我们不难发现，我国现行的非婚同居法律规定是零散、不成体系、模糊的。如“一般共有”“共同债权”“共同债务”的规定不仅本身模糊，而且究竟是基于何种性质（合同关系、身份关系还是其他）的“共有”也没有明确。如此一来，我国涉外非婚同居财产纠纷案件究竟如何适用法律便是一个十分棘手的问题。究竟是按照涉外物权债权的财产关系理论确定准据法，还是按照涉外婚姻关系理论确定准据法，目前都无从确定。总之，我国目前没有专门解决涉外非婚同居关系的准据法选择机制，已经成了亟待解决的问题。但从理论上推导，目前恐怕只能认为，涉外非婚同居财产关系作为不受法律保护和调整的新型涉外民事关系，再加上公共秩序与善良风俗的法律原则，我国涉外非婚同居财产纠纷的法律解决主要是适用法院地法即我国实体法，因而事实上几乎等于是用拒绝冲突法的方式来解决涉外非婚同居财产关系。

综上所述，目前解决涉外非婚同居财产关系法律冲突的方法有

---

[1] 具体见最高人民法院《关于人民法院审理未办结婚登记而以夫妻名义同居生活案件的若干意见》第7、8、9、10、11、12、13条，《婚姻法解释(一)》第5、6条，《婚姻法解释(二)》第1条规定。

很多，既有不承认非婚同居财产关系的特殊性从而缺乏专门的解决涉外非婚同居法律冲突的途径；也有将涉外非婚同居视为新型涉外民事关系进而采用独特的法律适用制度的途径，但这种途径要么仅限于同性同居种类，要么无视涉外非婚同居与涉外婚姻的差别而完全照搬；还有的无视非婚同居财产关系中的“身份”属性而将其视为一般的财产关系构建法律适用制度。因此，上述诸种对涉外非婚同居财产关系法律冲突的解决方法，尚处在一个并不成熟的起始阶段。

二、建构涉外非婚同居财产关系准据法选择机制的必要性

应该说，对非婚同居关系尤其是财产关系的法律调整已经得到了世界上许多国家的正视。而作为一种新型“身份”关系的涉外非婚同居关系，法律究竟如何调整，必将成为世界各国一个不容忽视的问题。尤其是其中的财产关系极易引起纷争。因此，这一领域的法律适用亟需世界各国通过相关法律予以调整和规制。但是，涉外非婚同居是一种不同于涉外婚姻关系的新型涉外“身份”关系，各国法律对非婚同居关系的法律调整与婚姻关系有着明显的区别。因此，涉外非婚同居财产关系的法律调整必定不宜完全照搬涉外婚姻财产关系的法律适用规则。同时，涉外非婚同居财产关系由于是以非婚同居的“身份”关系为基础产生的，所以又与一般的涉外合同关系有本质不同，因而也无法援用一般涉外合同关系的法律适用规则。因此，笔者认为，随着涉外非婚同居现象的日益增多，有必要建构一种涵盖涉外非婚同居财产案件管辖权的确定、连接点的确定以及蕴含着对涉外非婚同居财产问题公平与正义、自由与秩序等法价值在内的准据法选择机制来应对国际私法理

论与这种新型涉外民事关系法律冲突的客观需求。

(一)涉外非婚同居财产关系法律冲突日渐增多

随着社会经济的迅速发展和人们婚恋家庭道德观念的变迁，在世界各国非婚同居浪潮迭起的今天，涉外非婚同居也正在悄然增多，由此也导致了不同于国内非婚同居的法律纠纷和法律冲突的出现。因此，建构涉外非婚同居财产关系准据法选择机制以解决该领域的法律冲突对每一个现代国家而言都有必要。

1. 涉外非婚同居纠纷尤其是财产纠纷问题凸显

如前文所述，在经济、社会、文化迅速发展和趋同的影响下，在西方发达国家权利、自由为主导的婚恋家庭道德观念变迁的影响下，在以交通、信息等为重要媒介的科技发展的作用下，涉外非婚同居在当代已经具备了适宜的土壤。因而可以预见的是，在今后的世界婚恋家庭领域，不仅涉外婚姻会越来越普遍，与国内非婚同居相对应的涉外非婚同居也会越来越多，这是非婚同居发展的一个必然结果。因此，毋庸置疑，将来包括我国在内的很多国家都不可避免地会出现众多具有涉外因素的非婚同居。那么，这些具有涉外因素的非婚同居当事人之间的纠纷尤其是财产纠纷便不可避免，而如何处理这些涉外非婚同居财产纠纷便成了法律适用领域的一个新课题。通过建构涉外非婚同居财产关系准据法选择机制来应对和解决涉外非婚同居财产纠纷的法律冲突自然是这一课题之中的应有之义。

2. 当代各国非婚同居财产关系的法律规定歧异

一个不容忽视的问题是，尽管我国在非婚同居问题上出现了由禁止到“中立”的转变，但从世界范围看，承认和保护非婚同居关系的国家和地区将越来越多，因为这毕竟是各国法律调整和应对非婚同居关系的共同趋势。从20世纪中后期以来，包括美国、英国、澳大利亚、加拿大、法国、德国、荷兰、比利时、瑞典、丹麦、挪威、瑞士、奥地利、立陶宛、马其顿等在内的一大批国家先后制定了非婚同居的法律制度来调整非婚同居关系，保护非婚同居当事人的合法权益。然而另一方面，尽管众多国家相继承认和保护非婚同居关系，但各国在具体法律规定上却表现出极大的差异。不论是非婚同居在整个婚姻家庭立法中的地位，还是各国立法对于非婚同居关系的具体规制，尤其是对非婚同居财产关系的规定更是千差万别。[1]因此，一旦出现涉及不同国家的涉外非婚同居纠纷案件，就不是无法可依，而是面临着究竟适用何国法律作为准据法的问题。如此一来，面对众多差异性的非婚同居财产关系的法律规定，如何建构涉外非婚同居财产关系准据法的选择机制便是解决涉外非婚同居财产纠纷自然而然的关键。相反，若缺乏涉外非婚同居财产关系的准据法选择机制，就无法应对日益增多的涉外非婚同居纠纷，无法解决涉外非婚同居财产关系法律冲突。

3. 涉外非婚同居财产纠纷的顺利解决需要科学的准据法选择机制

在主权林立的当今世界，由于没有凌驾于国家主权之上的权力的存在，所以在国家主权原则的语境下，世界各国在对非婚同居进行法律规制时必然会基于经济、社会、文化以及道德伦理等因素而制定出内容迥异的非婚同居法律制度。如此，当具有涉外因素的非婚同居关系纠纷产生时，法律冲突就在所难免。众所周知的是，当今对国际民事法律冲突的解决，主要有统一实体法和冲突法两种路径。显然，与婚姻、家庭、继承等身份领域的其他法律冲突问题一样，非婚同居关系由于本身所具有的身份属性，以及世界

---

[1] 具体可参见本章第一节“法律冲突的主要表现”部分。

各国不同的历史文化与伦理道德等传统因素对这些领域的决定性影响，使得在该领域很难通过统一的国际条约这种实体法调整手段解决。因此，要顺利解决涉外非婚同居纠纷尤其是财产纠纷，目前只能通过冲突法这一路径。如此一来，如何建构科学合理的准据法选择机制便是解决涉外非婚同居财产纠纷法律冲突的核心任务。然而，鉴于涉外非婚同居财产关系既与传统婚姻家庭关系中的财产关系有别，也不同于普通的涉外契约财产关系，它是一种新型的涉外民事关系，因此，在探讨这种新型涉外民事关系的准据法选择机制时，一方面，我们不仅要遵循传统国际私法理论的发展和趋势，在此基础上探索和创新涉外非婚同居财产关系的准据法选择机制；另一方面，我们又不能完全照搬涉外婚姻财产关系以及普通的涉外契约财产关系等相关领域的准据法选择方法和规则。单纯的照搬照抄都不符合涉外非婚同居财产关系的自身特点，都不利于合理解决涉外非婚同居财产纠纷的法律冲突。因此，要真正应对涉外非婚同居财产纠纷的法律冲突问题，建构科学合理的准据法选择机制非常必要。

（二）涉外非婚同居财产关系法律冲突非常复杂

传统国际私法的调整范围主要局限于债权、物权、婚姻、家庭、继承等领域。随着国际交往与合作的深化，现代国际私法的调整范围也呈现出日益扩大的趋势。[1]涉外非婚同居关系正是在人们观念革新和国际交往深化基础上产生的一种新型涉外民事关系，具有传统涉外民事关系无可比拟的复杂性。随着越来越多的涉外非婚同居财产纠纷的出现，涉外非婚同居财产关系必将成为国际私

---

[1] 韩德培. 国际私法[M]. 北京：高等教育出版社、北京大学出版社，2007：22.

法调整的一个新领域。

1. 涉外非婚同居财产关系不同于涉外婚姻关系中的财产关系

由于各国法律都明确了婚姻的法定身份关系，明确了与之配套的夫妻财产制度，因而各国法律对涉外婚姻财产关系的国际私法调整形成了基本的规则。目前，国际社会已经形成了比较成熟的包括婚姻对婚前财产的效力，婚姻存续期间所获财产的归属，夫妻对财产的管理、处分和债务承担，以及夫妻财产分割等方面的法律适用规则。而涉外非婚同居关系，它是晚近以来随着人们观念的革新和各国国民跨国流动的频繁而逐渐出现的一种新型涉外民事关系。由于世界各国非婚同居法律的发展参差不齐，有的国家的法律明确将其界定为非法，❶有的国家法律不对其作任何调整，❷还有一些国家明确将其界定为与婚姻关系并驾齐驱的新型家庭关系并对其进行详细的法律保护，❸因而各国对非婚同居关系的法律调整存在太大的差异，对非婚同居财产纠纷的处理，理论与实务上千差万别。因此，这一新型的涉外民事关系下的财产关系的法律冲突表现出极为复杂的特征。

2. 涉外非婚同居财产关系不同于一般涉外财产关系

由于涉外非婚同居关系当事人往往是基于长期的共同生活和同居的目的，尽管在法律上缺乏婚姻的形式要件，其行为在客观上却具有婚姻的部分甚至全部外观和实质内容。因此，简单地将这种

❶ 如1960年的《埃塞俄比亚民法典》“人法编”的第八章“非法同居”的规定；美国伊利诺伊州、佐治亚州和路易斯安那州的做法。

❷ 如我国的相关法律中没有对非婚同居关系进行明确调整的内容。

❸ 如北欧的丹麦、瑞典、挪威以及法国、英国、美国等一些国家和地区的法律明确承认这种新型家庭关系并进行明确的调整。

情况下的财产关系当作普通的涉外财产关系对待，援用普通的涉外财产关系如涉外合同的法律适用规则来解决涉外非婚同居当事人之间的财产纠纷，当然不妥。因为这种涉外非婚同居财产关系具有一定的身份属性从而表现出与一般涉外财产关系的明显不同。第一，涉外非婚同居关系中会涉及基于情感结合的道德上的一定的忠贞义务。尽管非婚同居双方不能像要求夫妻之间履行忠实义务那样严格，但一般也同样要求同居期间感情专一。第二，虽然非婚同居者相互之间缺乏法律上的扶养请求权基础，但有部分国家已经看到了基于共同生活的一些客观需求而赋予同居当事人有限的扶养请求权的必要性。❶第三，涉外非婚同居双方长期同居生活，使非婚同居几乎具有婚姻关系的全部外观，而其他公众也很容易将他们误认为是夫妻，因而客观上难免会将非婚同居者的部分民事行为误当成家事代理行为。所以从这个意义上说，在调整涉外非婚同居财产关系时，为了保护交易安全和第三人合法权益，有必要承认非婚同居者一定的家事代理权。第四，尽管生存的同居一方不享有对死亡一方的财产继承权，但在非婚同居期间对被继承人扶养较多的时候，一般也允许基于这种扶养关系而获得一定的财产继承。综上所述，涉外非婚同居关系由于具有相当的人身属性，所以与一般的涉外财产关系有明显不同，故而不能借用一般的涉外财产关系法律适用规则来解决涉外非婚同居财产关系的法律冲突。

3. 道德伦理因素对该领域法律冲突的解决具有特殊影响

国际私法对传统法律冲突的解决，长期以来，主要是通过冲突

---

❶ 如德国，法律授予非婚母亲对其子女的父亲有限的扶养请求权，非婚母亲可以请求子女出生前6周、出生后8周这一时期的扶养费，对于在该期间以外因怀孕或分娩而产生的费用也可以请求。

规范指引选择应适用的准据法这一间接途径来实现的。一般都认为这一过程尤其是准据法的选择主要是一个纯技术过程。其重心不在于准据法的实质内容，准据法的内容并非法律选择过程中的正式考虑因素。由此看来，选择的似乎是国家的管辖权而并非实体法律本身。所以传统冲突规则的抨击者将其称为管辖权选择规则。❶随着社会经济的进步和国际私法的发展，越来越多的国际私法学者注意到这种传统的法律冲突解决方法的弊端，从而将很多可能影响到法律价值实现的因素引入到法律冲突解决中来。对于涉外非婚同居财产关系法律冲突的解决而言，道德伦理因素对其准据法的选择具有非常特殊的意义。❷

（1）各国在非婚同居的道德伦理观念上有重大差别。婚姻家庭领域，长期以来一直是道德伦理所关注的重要领域。自人类进入文明社会以来，在婚姻与性的关系方面，将婚姻视为获得性的唯一合法渠道，将男女异性的结合作为人类性的唯一合乎自然规律的性结合，以及一夫一妻等观念深入人心。这些观念几乎积淀成为人类在婚姻家庭方面的潜移默化的道德伦理意识，绝大部分人甚至将这些观念作为对婚姻家庭领域进行道德伦理评判的标准。因此，一个相当长的时期内，世人都否认婚外之性，一切婚外之性都是不合理的。这一点从许多国家的婚姻家庭立法上可以得到印

---

❶ See Cavers. *A Critique of the Choice of Law Problem* [M]. 47 Harv. L. Rev. 1933:173,189. 转引自肖永平、岳为群. 法律选择理论若干问题回顾[J]. 法学研究,2001(3).

❷ 龚志军. 涉外非婚同居关系准据法选择的伦理思考[J]. 求索,2013(2).

证。[1]根据李银河的性道德阶段论，人类社会的性道德通常会经历三个发展阶段：第一阶段是通过法律来肯定一部分性行为和惩罚另一部分性行为。第二阶段是通过道德而非通过法律来规范人的性行为。如许多国家并未对同性恋进行否定性立法，但社会舆论和道德伦理却是反对同性性行为的。第三阶段，性是完全个性化的、多元化的，允许人们做出各种各样的自由选择，不轻易做出否定性的评判。除了伤害他人的性行为之外，没有哪一种性行为是不道德和不被社会视为允许的。[2]从当代社会现实看，人类传统的性道德伦理以及传统的婚姻家庭观念正在遭到颠覆，而新的关于性的道德伦理尚未真正建立。按照李银河的阶段论，可以说目前社会正处在第三阶段刚刚开始的时期。因此，理论与社会现实在性的道德伦理方面，处于一个非常混乱的时期。现阶段的非婚同居，正因为打破了传统婚姻家庭观，使基于婚姻的性不再是唯一，所以在道德伦理上就成了一个颇具争议的问题。同时，由于世界各国经济社会发展水平的差异，使得非婚同居问题又呈现出不同的道德伦理水平。经济、社会、文化发达的国家一般来说对自由和家庭观念相对前卫，道德伦理上往往会表现出更大的包容性；而经济、社会、文化落后的国家则会表现得相对保守一些。再加上宗教的原因，可能会使一些国家对非婚同居在道德伦理上极其抵制。这些伦理道德上的不同反应，与前文所述的各国对非婚同居的态度以及相关立法具有一致性。

（2）道德伦理观念对非婚同居财产关系法律冲突解决的影

---

[1] 如《埃塞俄比亚民法典》和我国婚姻法修改之前的“非法同居”概念的存在。

[2] 李银河. 性道德的变迁[DB/OL]. 长江网，http://news.cjn.cn/lx/200603/t49669.htm，2011－03－19.

响。首先，法律是一国道德伦理最低层次的反映，一国道德伦理的水平往往会反映在该国的立法上。正是由于世界各国在非婚同居这一问题上表现出道德伦理上的重大差异，一方面导致各国对非婚同居的立法差距甚远（如最宽容的国家将非婚同居视为与婚姻家庭并驾齐驱的新型家庭模式，而较保守的国家则将非婚同居视为法律所禁止的“非法同居”），另一方面导致各国对待别国的非婚同居立法由于无法接受而持否定态度，甚至有的国家会将其提升到公共秩序的高度。如此一来，涉外非婚同居的法律冲突反而会加剧。这是因道德伦理观念差异导致立法差异进而影响法律冲突程度的必然结果。其次，非婚同居作为一种婚姻家庭之外的新型同居模式（或者说家庭模式），在挑战传统的婚姻家庭和性观念的同时，一方面，它本身就包含着非常丰富的道德伦理内涵（从非婚同居的性道德与性伦理问题一直是学界争论不休的话题即可看出），另一方面，随着国际私法对实体价值的日益重视，在涉外非婚同居财产关系法律冲突的解决中，也必然会有更多的道德伦理因素渗透其中。比如说，在准据法选择时，是否要考虑尽量保护非婚同居者的实体权益，是否有必要考虑保护弱势地位一方当事人，是否要对同居双方的意思自治给予更高的尊重，等等。因此，道德伦理因素不仅影响非婚同居本身的发展，同时在涉外非婚同居财产关系法律冲突的解决上也必然会有深深的道德伦理的烙印。可以说，认真研究和考虑涉外非婚同居财产关系准据法选择中的道德伦理因素，对于构建和完善涉外非婚同居财产关系的准据法选择机制具有重要价值。

综上所述，针对涉外非婚同居财产关系法律冲突的复杂特征，我们在对涉外非婚同居财产关系准据法选择问题展开研究时，应该注意以下几个方面：

首先，我们应该立足于国际私法的一般理论以及借鉴国际私法在解决相关领域法律冲突中的经验与方法。自从巴特鲁斯提出法则区别说解决法律冲突以来，国际私法理论历经了无数次变革与创新。晚近以来的国际私法更是将确定性、灵活性以及法律选择的形式正义与实体正义等结合在一起，创新了整个准据法选择理论。从而在涉外婚姻家庭领域以及涉外合同等领域出现了更加开放、完整、科学合理的法律选择方法和规则。这些理论与经验毫无疑问是值得我们遵循和借鉴的。

其次，我们应该深入研究非婚同居自身的社会性和特殊性。非婚同居是20世纪尤其是20世纪六七十年代以来大量涌现的社会现象。非婚同居的大量出现既有深刻的经济社会原因，也有思想观念领域的革命，还有文化、道德伦理以及法律上的原因，正是上述诸多因素的共同作用，使得非婚同居这一具有家庭外观和功能的新型同居模式迅猛发展。这一新型同居模式之所以大受欢迎，就在于它与婚姻家庭相比具有许多独特之处。因此，我们无法照搬涉外婚姻财产关系的法律选择方法与规则，而应该深入研究非婚同居自身的特性，构建自己的准据法选择机制。

最后，涉外非婚同居财产关系的准据法选择机制应该是一个更加自由、更加周延、更加开放的准据法选择体系。涉外非婚同居关系，由于其自身的特殊性，使其与传统的涉外民事关系具有诸多的不同。在这种目前仍存在诸多争议的涉外民事关系问题上，非婚同居当事人对传统婚姻模式的抵制以及对更加自由的同居生活模式的偏好、各国对非婚同居在道德伦理观念以及立法方面的重大差异以及非婚同居财产关系的兼具人身属性和财产属性的双重性质，这些都使得涉外非婚同居财产关系准据法的选择理应具有自己的特色和要求。因此，笔者认为，涉外非婚同居财产关系的准据法选择机制应当尽可能地体现上述几个方面的特征与属性，既要顺应准据法选择理论的发展方向，又要能体现涉外非婚同居财产关系自身的特点。所以，这个准据法选择机制应该尽可能尊重同居者的自由意志，尽可能对不同国家不同非婚同居类型的准据法选择都能适用。在笔者看来，涉外非婚同居财产关系的准据法选择机制，应该是一种以规则、方法相互融合形成的灵活但不失客观、确定但不失周延、坚持冲突法正义但不失实体价值的层级化的法律选择方法体系为核心，以管辖权确定标准的构建和连接点科学设置为重要内容的综合体。

第三章　依“管辖权处理方式”确定涉外非婚同居财产关系准据法

随着世界各国非婚同居的日益普遍和具有涉外因素的非婚同居现象的出现，涉外非婚同居当事人之间财产纠纷的解决将会成为一个摆在各国法院面前的新课题。依据戴西和莫里斯的观点，“冲突法案件中产生的问题主要有两点：第一，英格兰法院有处理该案的管辖权吗？第二，如果有管辖权，它应该适用什么法律？”[1]因此，在解决涉外非婚同居财产纠纷的法律冲突过程中，确定案件的管辖权无论如何都是首当其冲的问题。[2]这是因为，案件管辖权的确定，常常影响到涉外非婚同居财产关系准据法的选择，影响到案件最终实体法的适用，从而直接影响到案件的判决结果。

在国际民事案件的准据法选择中，存在直接依“管辖权处理方

---

[1] 〔英〕莫里斯．戴西和莫里斯论冲突法[M]．李双元等译，北京：中国大百科全书出版社，1998：3.

[2] 韩德培．国际私法[M]．北京：高等教育出版社、北京大学出版社，2007：469－470.

式”和依“冲突法处理方式”确定准据法的方式。❶那么，在涉外非婚同居财产案件的管辖权确定以后，究竟应采用哪一种确定准据法的方式，笔者认为，应当作如下三步考察。第一，要考察法院地国的相关实体法（包括判例）中是否有关于该类案件的强制性规定，相关国际私法中是否有直接要求适用法院地法的情况。如果存在这类情况，则当然要适用法院地的法律作为案件最终的准据法。这种“直接适用的法”在当代很多国家中已成为解决国际民事案件的一种重要方式，❷尤其是在关涉到一国国家利益、社会公共利益或者法律基本原则与重要政策的时候。因此，在这种情况下，依“管辖权处理方式”确定涉外非婚同居财产案件准据法就是顺理成章的。第二，如果法院地国在涉外非婚同居财产案件中没有上述要求直接适用法院地法的特殊情况，那么，自然应当按照传统的依“冲突法处理方式”即通过法院地国冲突规范中连接点的指引选择案件最终要适用的准据法。第三，虽然一国没有直接适用法院地法的强制性规定，但通过冲突规范指引也无法确定准据法或准据法无法查明，抑或确定的外国准据法不符合法院地国公平正义的法价值、有违该国公共秩序等情况时，则又重新回到适用法院地法作为涉外非婚同居财产案件的准据法。这种情况下适用法院地法并非基于连接点的间接指引，大多仍然是基于管辖权的决定意义而将法院地法予以直接适用，因而客观上又使管辖权与准据法合二为一。因此这种情况下法院地法的适用也可以归入到依“管辖权处理方式”确定案件准据法的方式当中。

---

❶ 蒋新苗. 国际收养准据法的选择方式[J]. 法学研究，1999(1).

❷ 在国际私法规范中，这种“直接适用的法”大多是以单边冲突规范的形式存在的，如1804年《法国民法典》第3条第2款，1896年《德国民法典施行法》第15条等。

在依“管辖权处理方式”确定准据法的方式中，“确定了法院管辖权，就等于确定了处理有关法律争议的实体法规范”❶。该准据法确定方式的核心在于一旦确定了案件的国际管辖权，那么，就将管辖权所在地国的实体法作为案件最终要适用的实体法，也即，确定了案件管辖权就确定了案件的准据法。因此，依“管辖权处理方式”确定的准据法，一般就是法院地法。但需要指出的是，为了与通过冲突规范中其他连接点的指引客观导致适用法院地法相区别，这里的法院地法仅限于直接基于管辖权所确定的法院地法，主要有两种情况，在此不再赘述。这种准据法确定方式由于简化了法律适用过程，使得国际民事法律冲突的解决简单化、易操作化，而且从某种意义上说也由于法院地法一般与案件有着比较重要的实际联系因而在一定程度上符合了“最密切联系”的国际私法原则。因此这种准据法的确定方式在当代各国实践中受到了欢迎。❷从某种意义上说，涉外非婚同居财产案件国际管辖权的确定，既是依“管辖权处理方式”确定涉外非婚同居财产关系准据法这一方式的第一环节，也是中心环节。因此，笔者先在本章探讨依“管辖权处理方式”确定涉外非婚同居财产关系准据法的方式，然后在下一章中探讨依“冲突法处理方式”确定涉外非婚同居财产关系准据法的方式。

---

❶ 韩德培. 国际私法[M]. 北京：高等教育出版社、北京大学出版社，2007：426.

❷ 如美国《冲突法重述（第二次）》中关于收养的条件，我国《涉外民事关系法律适用法》第27条关于诉讼离婚的法律适用以及第28条关于收养关系解除的法律适用等，均有依“管辖权处理方式”确定准据法的规定。

第一节 涉外非婚同居财产案件管辖权确定的原则

涉外非婚同居财产案件的管辖权冲突是否存在呢？根据相关学者的观点，在国际民事案件中，司法管辖权存在冲突的前提条件主要有四个：一是各国民事诉讼法律制度互不相同；二是各国之间存在正常的民事交往且结成大量的国际民事关系；三是各国承认外国人在本国的民事法律地位和民事诉讼法律地位；四是各国在一定条件下承认外国民事诉讼法律在本国的域外效力。❶由此不难发现，随着各国国民跨国流动的出现和日益频繁，以及这类国际民事案件中可能存在的国家主权、国家利益、国民利益的问题，涉外非婚同居财产纠纷案件的管辖权冲突在所难免。因而，当今世界各国也必须通过一定的原则来确定涉外非婚同居财产案件的国际管辖权。

国际民事案件诉讼管辖权确定的基本原则，不论对于理论研究还是各国管辖权确定的实践，都始终具有重要的指导意义。一方面，对于各国立法机关而言，在确定本国的管辖权标准时，一般都是基于本国设立国际民事案件诉讼管辖权的目的、有关国际民事案件与本国之间的联系和利益关联度，然后再依据一定的原则来确定具体的国际民事案件诉讼管辖权标准。❷另一方面，不断涌现的新类型的国际民事案件又反过来推动国际民事案件诉讼管辖权确定标

---

❶ 转引自何兵. 论国际私法中的管辖权[D]. 吉林大学,2007:21.

❷ 韩德培. 国际私法[M]. 北京:高等教育出版社、北京大学出版社,2007:470.

准的新发展。因此，这一节，笔者一方面对目前国际民事案件诉讼管辖权确定的一些重要原则进行梳理，然后对国际民事案件诉讼管辖权确定标准的发展趋势进行必要的探讨，最后提出和分析涉外非婚同居财产案件管辖权确定的一些主要原则。

一、国际民事案件诉讼管辖权确定的一般原则

（一）属地管辖原则

所谓属地管辖原则，也就是一般的地域管辖原则。在当今的国际民事案件诉讼管辖权确定实践中，该原则是世界各国遵循的最重要原则之一。属地管辖原则是国家主权原则特别是国家领土主权原则在司法上的体现。它体现了一国法院对本国内的一切人、物以及发生在本国内的法律事件和行为具有司法管辖权。该原则的内核，或者是强调当事人与特定国家间的地域上的联系作为确定国际民事案件诉讼管辖权的依据，或者是强调案件事实与特定国家间地域上的联系作为确定国际民事案件诉讼管辖权的依据。具体说来，属地管辖原则包括在国际民事案件中将当事人的住所地❶、居所地（惯常居住地❷或经常居所地❸）、诉讼标的物所在地❹、有

---

❶ 如德国、日本、奥地利等国就是以被告人的住所作为确定本国法院管辖权的首要原则；1968 年 9 月欧洲共同体签订的《布鲁塞尔公约》第 2 条也有类似规定。

❷ 该概念是海牙国际私法会议惯用的表述，很多国际私法的海牙公约当中都采用了 habitual residence 这一概念，如海牙《民商事管辖权及外国判决公约（草案）》。

❸ 我国《涉外民事关系法律适用法》主要采用了这一表述。

❹ 如英国法院将诉讼标的所在地作为其行使管辖权的根据之一。

关法律事实发生地[1]（如侵权行为地、合同签订地、无因管理发生地等）、财产所在地[2]等作为国际民事案件诉讼管辖权确定的具体依据。目前，包括北欧诸国、英国、德国、奥地利、美国等在内的很多国家都将属地管辖原则视为确定国际民事案件诉讼管辖权的一般性原则。

（二）属人管辖原则

作为当今世界各国确定国际民事案件诉讼管辖权基本原则之一的属人管辖原则，它与属地管辖原则最大的不同就是，在确定国际民事案件诉讼管辖法院时，它是以案件当事人与特定国家的法律联系而不是地域联系作为确定法院行使国际管辖权的关键依据。属人管辖原则是国家主权原则在另一方面的司法体现。即一国法院对涉及本国国民的国际民事案件一般都有受理和审判的权力，是主权原则对人管辖的反映。属人管辖一般是以案件当事人的国籍作为本国法院行使国际管辖权的依据。目前，以法国为代表的拉丁法系国家，如荷兰、卢森堡、比利时、西班牙、葡萄牙、希腊、意大利以及拉美诸国等，就是将属人管辖原则作为它们确定国际管辖权的主要原则。除拉丁法系国家之外，大部分国家对于婚姻案件等涉及身份和能力的案件一般都确定由当事人的国籍国法院行使管辖权（属人管辖），如德国、奥地利、日本和瑞士等国。[3]

---

[1] 如美国法规定，在众多的侵权行为案件中，若损害发生在本州，本州法院即有管辖权。《布鲁塞尔公约》第5条也有类似规定。

[2] 如德国、奥地利、丹麦、芬兰、冰岛、挪威和瑞典等国以及英国的苏格兰等国家和地区都承认这一管辖根据。另外，如1928年的《布斯塔曼特法典》将有关财产问题的诉讼由财产所在地法院管辖作为普遍原则。

[3] 英美法系国家的英国《1977年婚姻诉讼案件程序规则》中也规定了英国婚生地位和婚姻效力案件的属人管辖依据，具体参见规则109－111。

(三)协议管辖原则

随着国际民事案件诉讼管辖制度的发展，协议管辖已经成为当代一个十分重要的确定国际民事案件诉讼管辖权的基本原则。该原则来自于私法中的意思自治理论，它是意思自治向国际民事案件诉讼管辖权领域的拓展。协议管辖原则赋予案件当事人通过协议的方式选择案件的管辖法院。目前，世界各国的立法和司法实践都不同程度上肯定了协议管辖原则，❶但在协议管辖的具体规则方面各国都有一些限制。❷但总的来说，协议管辖原则一般将当事人双方协议选择管辖法院的范围限定在对有关国家及国民利益影响不大、与相关国家联系程度不很密切的国际民事案件，且不得违背相关国家专属管辖的规定。近年来还有一些国家和国际立法文件对雇佣合同、消费者合同等可能涉及弱者利益保护的一些领域的协议管辖进行了限制。❸

(四)专属管辖原则

专属管辖是指特定国家对于某些案件由于与该国联系程度密切而适用特殊标准确立的专属的排他性管辖权。一般说来，专属管辖原则就是基于有关国际民事案件与本国的利益关联程度而将国际

---

❶ 目前承认协议管辖的国家有很多，如英国、美国、法国、意大利、荷兰、比利时、卢森堡、葡萄牙、西班牙、德国、瑞士、奥地利、日本，等等；采用协议管辖原则的著名国际公约则有1928年的《布斯塔曼特法典》、海牙《选择法院协议公约》、欧盟理事会2001年第44号《关于民商事案件管辖权及判决承认与执行的规则》等。

❷ 如我国《民事诉讼法》第242条将当事人的协议管辖限制在“书面形式”选择和与争议有“实际联系”的国家的法院。

❸ 如海牙《民商事管辖权及外国判决公约(草案)》的第7条、第8条。

民事案件管辖权予以确定的管辖原则。该原则也是国家主权原则在国际民事诉讼中的体现，它强调的是一国法院对那些与本国及其国民的根本利益有密切联系的国际民事案件行使专属的排他性的管辖权。一般情况下，适用专属管辖的领域主要是涉及一国公共政策或者与本国重大政治、经济问题有重要联系的一些国际民事案件。❶目前，很多国家都将专属管辖的排他性管辖作为保护自己重大利益的保护阀。但是，从协调国际民事案件诉讼管辖权冲突的角度说，世界各国都应该将本国的专属管辖限制在确有必要的范畴。

（五）不方便管辖原则

在国际民事诉讼中，由于存在两个以上国家的法院对同一国际民事案件都具有管辖权的情况，受诉法院基于该案的审理可能会给法院以及某些当事人带来不便，或者实际上造成对某些当事人的不公平，因而拒绝行使管辖权，这就是一般所讲的不方便管辖原则。目前，不方便管辖原则在世界各国尤其是在英美法系国家的司法实践中得到广泛的认同和采用。❷究其原因，该管辖原则充分地考虑到了案件当事人双方参与诉讼的方便与否、调查取证的难易与否以及所使用语言的便利与否等方面的客观情况。这不仅有利于国际民事案件审理的方便和高效，是一种解决国际民事案件诉讼管辖权

---

❶ 如我国《民事诉讼法》第34条和第246条对四类国际民事案件规定了专属管辖。

❷ 李双元，谢石松．国际民事诉讼法概论［M］．武汉：武汉大学出版社，2001：314－331.

冲突的有效途径，同时还可以有效对抗原告挑选法院，防止司法不公。❶我国司法实践中，最高人民法院就“住友银行有限公司与新华房地产有限公司贷款合同纠纷管辖权异议上诉案”所作出的〔1999〕经终字第194号民事裁定书肯定了不方便管辖原则。❷此后，2005年最高人民法院《第二次全国涉外商事海事审判工作会议纪要（一）》第11条正式明确了该管辖原则。

（六）推定管辖原则

在国际民事诉讼中，原告向有关国家法院提起诉讼，而被告对法院的管辖权未提出异议并且就案件实质问题进行答辩，这种情况下，世界各国一般都明确规定其本国法院有权对该案件行使管辖权。❸一种解释认为，这种管辖权的取得是基于被告的自愿服从管辖；一种解释则认为这是基于原告的起诉行为和被告的答辩行为共同作用下的双方当事人默示同意（默示选择）的结果。总之，我们可以把这种基于法律对双方当事人主观意图的推定所确立的管辖原则称为推定管辖原则。❹英美法系国家法律大多明确将这种情况

---

❶ 韩德培. 国际私法问题专论[M]. 武汉:武汉大学出版社,2004:297－298.

❷ 万鄂湘. 中国涉外商事海事审判指导与研究(2001年第1卷)[M]. 北京:人民法院出版社,2001:159－163.

❸ 不同学者、不同著述关于这种管辖原则有不同的提法,如服从管辖原则、应诉管辖原则等。

❹ 秦瑞亭. 冲突法的理论与实务[M]. 北京:对外经济贸易大学出版社,2007:196.

下的管辖权赋予其本国法院。❶欧盟理事会 2001 年第 44 号《关于民商事案件管辖权及判决承认与执行的规则》的第 24 条明确规定："除了根据本规则其他规定的管辖权外，一个成员国法院对出庭应诉的被告有管辖权。"❷我国《民事诉讼法》第 243 条也肯定了推定管辖制度。

二、国际民事案件诉讼管辖权确定的理论革新

随着国际民事案件诉讼管辖权理论研究的深入，晚近以来，在国际民事案件诉讼管辖权确定的理论与实践上，有了一些新的发展。

（一）管辖权依据由单一向多元化体系发展

综观世界各国，绝大部分国家在确定国际民事案件诉讼管辖权问题上，都经历了一个由单一管辖权依据向多元的管辖权依据发展的过程。 在国际民事案件管辖权确定中，传统上一般是基于国家主权的性质按照属地原则和属人原则——国家对其领土内的一切人和物以及领土外的本国人享有属地优越权和属人优越权——来行使

---

❶ 如新加坡《最高法院司法组织法》(The Supreme Court of Judicature Act,Cap322,简称 SCJA)第 16 节第 1 条依照"自愿服从原则"的精神规定了其高等法院的推定管辖权；又如尼日利亚在对人诉讼的管辖权规则中，将被告的服从管辖即推定管辖作为其法院行使国际民事案件诉讼管辖权的三大依据之一，转引自朱伟东. 尼日利亚法院对涉外民商事案件管辖权的确定[J]. 西亚非洲,2001(6).

❷ 转引自欧福永. 英国民商事管辖权制度研究[M]. 北京：法律出版社,2005:88.

国际管辖权。[1]但是，随着国际交往的纵深发展，国际民事关系的发生日益频繁和多样化。这一传统的单一属地主义（属人主义）的国际民事案件管辖权原则已经无法适应国际民事案件管辖权的现实需要。同时，在各国立法中，国际民事案件管辖权制度也不能仅仅是维护本国政策和利益的工具，各国在管辖权立法和司法实践中往往还需要考虑到国际利益、全人类共同利益或国际法律价值标准等。因此，现代国际民事案件诉讼管辖权依据不能再采用单一的属地原则或属人原则，而是向一个包括属人管辖和属地管辖在内的，兼采协议管辖、专属管辖、保护性管辖[2]、不方便管辖等在内的多元管辖权体系发展。

(二)国际民事诉讼管辖权制度向融合与统一化发展

尽管在管辖权的立法和司法实践中，世界上不同法律传统的国家存在各自的传统与特征，但是，随着国际民事关系发生的日益频繁和多样化，随着国际民事案件管辖权理论与实践的发展，国际民事案件管辖权制度已呈现出相互融合与统一化的趋势。如大部分国家以及国际条约都将限制过度管辖作为一项管辖权原则；[3]在管辖权的具体实践方面，为了协调大陆法系的国籍标准和英美法系的

---

[1] 杨泽伟. 主权论——国际法上的主权问题及其发展趋势研究[M]. 北京:北京大学出版社,2006:7.

[2] 所谓保护性管辖，一般理解为只要特定的行为违反了本国的法律或侵害了本国的利益，则本国就具有管辖权。有学者认为,依据保护原则中保护的对象的不同,可将保护国家利益的情况称为“保护国家主义”,而将保护国民的情况称为“保护国民主义”。见江国青. 演变中的国际法问题[M]. 北京:法律出版社,2002:32－33.

[3] 如1968年《布鲁塞尔公约》,1971年《海牙公约》和《补充议定书》,1988年《卢加诺公约》等。

住所标准，越来越多的国家和国际条约转而采用“惯常居所”这一管辖权依据以避免管辖权冲突。❶这种融合与统一具体表现在三个层面：一是国内立法与司法层面的管辖权制度的融合。以英国为例，英国民事管辖权制度中既有反映大陆法系国家管辖权制度的欧盟管辖权规则，又有本身反映普通法系国家传统的管辖权制度。在实践过程中，这两套管辖权制度呈现出相互吸收和融合的趋势。❷二是区域立法与司法实践层面的管辖权制度融合与统一化。这一方面最典型的代表就是《布鲁塞尔公约》体系。❸该体系经历了从《布鲁塞尔公约》到《布鲁塞尔规则》，到《布鲁塞尔规则Ⅱ》，再到《布鲁塞尔规则Ⅱa》的一系列发展。总的来说，《布鲁塞尔规则》体系反映了欧盟国家在国际民事案件管辖权问题上相互融合与管辖权依据统一化的趋势，其统一以被告住所地作为管辖权基础，确定了直接管辖规则，同时对其他特殊领域也确定了统一的直接管辖权规则。三是全球性立法与司法实践层面管辖权制度的融合与统一化。目前世界上国际民事案件管辖权统一化方面最重要的成果是海牙国际私法会议2005年6月通过的《选择法院协议公约》。虽然该公约并未真正实现国际民事案件管辖权的统一，但至少在协议管辖这一领域取得了统一，可以说是国际民事案件管辖权统一化的一个重要里程碑。

---

❶ 如《意大利国际私法制度改革法案》第3条、《瑞士关于国际私法的联邦法》第25条、我国《涉外民事关系法律适用法》第11、12、13、15、19条等多个条文；此外，海牙国际私法会议的多个文件都采用了“惯常居所”的管辖权依据。

❷ 欧福永．英国民商事管辖权制度研究［M］．北京：法律出版社，2005：366.

❸ 王海刚．论国际民事诉讼管辖权的统一化［D］．河南大学，2011：第三部分.

(三)当事人意思自治选择管辖法院日益受到重视

随着国际私法理论与实践的发展，私法中的意思自治原则被国际社会作为当事人协议选择准据法的重要方法之后，该原则在国际民事案件诉讼管辖权问题上再次得到延伸。当今，尤其是在涉外合同等财产领域，协议管辖原则受到了国际社会的普遍肯定，众多国家的国际民事案件诉讼管辖权实践和国际立法中都有充分的体现。

首先，从各国的国际民事诉讼管辖权立法看，大多数国家对当事人的协议管辖都持肯定态度。如英国《国际私法法令》（1995年，第32条）规定："当一项合同约定，当事人将他们之间的所有争议提交给英国法院管辖时，英国法院通常因此而享有管辖权。"同时，"当事人将他们之间的所有争议提交给外国法院进行排他管辖时，英国法院须中止在英国进行的、违反该协议的诉讼，除非原告证明，允许他们继续进行诉讼是公正而且适当的"❶。《新加坡最高法院司法组织法》（The Supreme Court of Judicature Act，简称SCJA）第16节第1条明确了新加坡法院对当事人以法定形式意思自治选择管辖法院予以尊重的协议管辖权规则。❷法国民事诉讼管辖权规则规定：在商事交易里，只要诉讼当事人没有超越商人的能力范围，存在明确的管辖权协议，并且表现在双方当事人用来约束他们彼此的文件里，例如当事人签署的书面协议里，或者当事人自己的一般商业交易里，则该选择法院的协议有效。《瑞士关于国

---

❶ 范姣艳. 国际民事诉讼中的协议管辖问题探析[DB/OL]. 中顾法律网, http://news. 9ask. cn/xsss/gxq/dygx/201112/1588485. shtml. 2012-01-18.

❷ 王瑾. 新加坡国际民事诉讼管辖制度研究[D]. 厦门大学,2009.

际私法的联邦法》（1989 年版）第 5 条对协议管辖有更完备的规定。该条第 1 款规定为，在财产领域，双方当事人可以就已经发生或将要发生的某一确定的法律关系争议的管辖法院进行约定。如没有相反规定，管辖法院的协议选择具有专属性。但该约定得以书面、电传、电报、传真或其他能用文字证明该约定客观存在的方式作出。《德国民事诉讼法》第 38 条第 1 款对协议管辖的规定也很详尽，商人或公法上的法人在争议发生前或争议发生后，通过不需要一定方式的契约，都可明示或默示地与对方成立协议管辖。❶《日本民事诉讼法》第 25 条对协议管辖也有明确规定。我国《民事诉讼法》第 242 条也明确肯定了协议管辖规则："涉外合同或者涉外财产权益纠纷的当事人，可以用书面协议选择与争议有实际联系的地点的法院管辖。"

其次，在国际立法中，一些有影响的国际民事案件诉讼管辖权条约也大多赋予当事人协议选择管辖法院的权利。如 1928 年的《布斯塔曼特法典》允许当事人明示或者默示选择管辖法院作为确定国际民事诉讼管辖权的首要原则；1965 年《协议选择法院公约》明确了成员国当事人通过书面协议选择某一法院进行管辖的权利；1968 年的《布鲁塞尔公约》体系也始终将协议管辖作为欧共体（欧盟）国家国际民事案件诉讼管辖权的确定依据之一；海牙国际私法会议 2005 年 6 月通过的《选择法院协议公约》的第二章分 3 个条文专门规定了协议管辖制度，等等。

（四）当代国际私法实体价值渗透到国际民事诉讼管辖权领域

前文我们谈到，国际民事案件诉讼管辖权的确定对国际民事纠

❶ 王华婷. 浅析国际民事诉讼协议管辖制度[J]. 山西高等学校社会科学学报，2007(5).

纷的处理具有十分重要的意义。它涉及一国的主权，涉及案件裁判的承认与执行，更直接影响到案件准据法的选择进而影响着案件的实体处理结果。因此，晚近以来，国际民事诉讼管辖权的理论与实践也伴随着国际私法发展中的实体趋向而更加关注管辖权确定中的实质公平与正义。当一些国际私法学者指出国际私法不应该只满足于独特的、较低层次的“冲突法正义”，也应该追求“实体法正义”，关注国际私法解决国际民事法律冲突的实质效果时，❶这一理念也渗透到了国际民事案件诉讼管辖权领域。这一趋向目前主要体现在对涉及弱者利益的国际民事诉讼协议管辖的保护方面。本来，承认协议管辖是对争议当事人合意选择管辖法院的尊重，是意思自治在国际民事案件诉讼管辖权领域的延伸，目前已受到越来越多的国家立法和国际条约的认可。然而，在国际民事法律关系当中，某些人可能因为固有的社会地位、经济地位、专业知识等方面存在的不足，而导致某些国际民事法律关系存在客观上的弱势一方，如果仍然按照传统的形式上平等的意思自治原则，势必会不利于对弱势地位一方的保护，有违法律追求实质公平与正义的价值和精神。因此，在国际民事案件诉讼管辖权领域，就出现了赋予弱势一方更多选择法院的权利和对弱势一方不公平的协议管辖的限制的立法实践。

当前很多国家和国际立法的理论与实践都承认这一具有保护性的协议管辖原则。如1989年《瑞士关于国际私法的联邦法》第5条第2款明确规定，如果当事人对管辖法院的选择违反了该法关于保护弱者的规定则无效。美国虽未一般性地承认协议管辖中的保

❶〔美〕西蒙尼德斯．20世纪末的国际私法——进步还是退步？[A]．宋晓译，载民商法论丛（第24卷）[C]．北京：法律出版社，2002：376－377.

护弱者利益原则，但美国有关判例、《法院选择示范法》、《冲突法重述（第二次）》等文件中也有对诸如通过胁迫、误导、滥用经济权力以及其他不正当方式达成的管辖协议不予执行的做法。❶另外，美国众多的专家学者也认为，对强弱地位悬殊的国际民事法律关系当事人双方的管辖协议，尤其是没有与处于弱势地位一方协商的管辖协议一概承认有效的话，势必不利于对弱者一方的必要保护。 因而美国多数学者主张，这种情况下应限制选择协议法院的效力。❷德国的相关立法精神中也有对契约自由进行限制的类似观点。❸而在国际立法中，较有影响的一个是欧共体 1968 年的《布鲁塞尔公约》。 该公约对目前世界的三大具有保护性的管辖权作出了较为完整的规定。 公约在第 12、15 和 17 条等条款中分别对保险事项、消费者合同和个人雇佣合同的协议管辖进行了明确的限制：一是将管辖协议的达成时间限制在纠纷发生之后；二是赋予弱势地

---

❶ 盛秋萍. 浅析适用协议管辖的限制的必要性[DB/OL]. 中国法院网，http://www. chinacourt. org/article/detail/2009/04/id/352829. shtml. 2011 -03 -21.

❷ See Linda S. Muilenix. Another Easy Case, Some More Bad Law: Carnival Cruise Lines and Contractual Personal Jurisdiction [M]. Tex. Int'l L. J. Vol. 27, 1992: 323; Patrick J. Borchers. Forum Selection Agreements in the Federal Courts after Carnival Cruise: A Proposal for Congressional Reform [M]. Wash. L. Rev. Vol. 67, 1992: 55; Edward P. Glibert. We're All in the Same Boat: Carnival Cruise Lines [M]. Inc. v. Shute, Brook. J. Int'l L., Vol. 18, 1992: 597.

❸ 盛秋萍. 浅析适用协议管辖的限制的必要性[DB/OL]. 中国法院网，http://www. chinacourt. org/article/detail/2009/04/id/352829. shtml. 2011 -03 -21.

位的一方选择更多法院的权利、限制强势地位一方选择法院的范围。[1]此外，海牙《民商事管辖权及外国判决公约（草案）》中的第7条、第8条也分别对消费者合同、个人雇佣合同事务中的协议管辖进行了保护性的限制。[2]

三、涉外非婚同居财产案件管辖权确定的主要原则

在梳理了当前国际民事案件诉讼管辖权确定的一般原则和国际民事诉讼管辖权理论中的一些新的发展及趋势的基础上，本书紧密结合涉外非婚同居财产案件本身的特殊性，认为涉外非婚同居财产案件管辖权的确定应遵循以下几项主要原则。

（一）意思自治原则

意思自治原则作为一项古老的民法原则，其思想和精神最早可以追溯到罗马法。而国际私法领域最早提出意思自治原则（确切地说应为“当事人意思自治说”）的是16世纪的法国国际私法学家杜摩兰。该学说明确赋予当事人可以通过明示或默示的方式自主选择适用于双方之间契约的准据法，其提出最初是为了解决当时法国国内众多法律冲突，以促进法国工商业的发展。到十八九世纪，伴随着欧洲资本主义经济的快速发展，意思自治原则得到了欧洲各国的认同并最终得以确立。而进入20世纪以来，意思自治原则不断发展和完善，其适用的领域日益扩大。可以这么说，“越

---

[1] 转引自王吉文．我国涉外协议管辖制度限制条件的正当性探讨[J]．载武大国际法评论[C]．第14卷第2期．

[2] 韩德培．国际私法问题专论[M]．武汉：武汉大学出版社，2004：第十六章．

是晚近的国际私法立法，采用当事人意思自治原则的场合便越多”❶。从世界各国立法来看，意思自治原则在国际私法中已经从传统的合同领域扩展到物权、侵权行为、夫妻财产制、继承、信托、不当得利等领域。目前，意思自治原则在国际民事案件诉讼管辖权领域的适用也日益扩展。正如美国学者 Andreas F. Lowenfeld 所说的，“意思自治——包括协议选择法律以及协议选择法院和仲裁庭——现在已成为解决争议的国际习惯法的一部分”❷。尽管传统国际私法对国际民事案件管辖权是否可让当事人自由行使持审慎态度，但不容否定的是，通过当事人意思自治选择管辖法院已经成为众多国家确定国际民事案件管辖权的一个重要原则。如英国、美国、法国、意大利、荷兰、比利时、卢森堡、葡萄牙、西班牙、德国、瑞士、奥地利、日本以及我国等众多国家，以及海牙《选择法院协议公约》、《布斯塔曼特法典》、欧盟理事会 2001 年第 44 号《关于民商事案件管辖权及判决承认与执行的规则》等一些重要的国际公约条约都认可了这一原则。

非婚同居，作为 20 世纪中期以来迅速流行和普遍化的社会现象，其本身就彰显了人们在婚恋家庭领域对自由的渴望，对传统婚姻家庭观念下各种束缚的不满。因而，从某种意义上说，非婚同居这一新型婚恋家庭模式正是符合了人们不断追求自由意志的人类社会发展趋势。因此，法律承认和保护非婚同居关系是法价值对非婚同居这一更加自由的新型社会关系的反映。所以说，意思自治原则应该成为法律调整非婚同居关系的重要原则。而在涉外非

---

❶ 如 1989 年《瑞士关于国际私法的联邦法》作为目前最具代表性的国际私法典，对当事人意思自治原则的运用最为广泛。

❷ Andreas F. Lowenfeld. International Litigation and the Quest for Reasonableness [M]. Clarendon Press, 1996:208 – 209.

婚同居关系领域，赋予同居当事人自由选择管辖法院本身便是非婚同居的自由家庭模式下同居当事人自主决定和处理自己事务的一种自然延伸。而且，对于涉外非婚同居当事人而言，允许他们自己选择处理他们纠纷的法院，具有以下几大合理性：一来这是对他们自由的充分肯定，顺应了同居当事人破除各种束缚的心理；二来有利于消除纠纷当事人相互之间的对立情绪，进而有利于提高纠纷解决的确定性、可预见性和效率；三来非婚同居属于典型的私人领域的社会关系，非婚同居的财产纠纷大多也不会涉及国家利益和社会公共利益，故而存在公权力不予干涉的合理性基础。

（二）属地管辖原则

对于涉外非婚同居财产案件而言，属地管辖原则也是其最重要的管辖权原则之一。这是因为：其一，涉外非婚同居财产案件毕竟是国际民事案件中的一种具体类型，在国家主权原则的语境下，任何一个主权国家都非常看重本国法院对其领域内的一切人、物、事件和行为的属地管辖权。因此，涉外非婚同居财产案件也不例外。其二，在涉外非婚同居财产案件中，同居当事人住所地（惯常居所地或经常居所地）、争议财产所在地等相关地方都是与案件有最密切联系的地方，因而，从最密切联系原则角度看，属地管辖也是非常合理的。其三，从涉外非婚同居财产案件本身而言，相对于涉外合同、涉外侵权等其他案件，非婚同居一般都是持续稳定的行为，因而涉外非婚同居当事人之间的财产纠纷更能体现出客观上的属地特点。综上所述，除了同居当事人之间通过意思自治协议选择管辖法院之外，属地管辖也是涉外非婚同居财产案件管辖权确定中十分重要的原则。

（三）属人管辖原则

属人管辖原则作为国际民事案件诉讼管辖权确定中的一项重要原则，在当今仍然具有重要的现实意义。这是因为，在国家主权原则的语境下，属人管辖本身就是它的重要内容。因此，一般来讲，每一个主权国家都对其所属的国民拥有无可争辩的管辖权。正因为如此，属人管辖原则在当今国际民事诉讼实践中具有非常重要的地位。以法国为代表的拉丁法系国家，包括荷兰、卢森堡、比利时、西班牙、葡萄牙、希腊、意大利以及拉美诸国等在内的一大批国家将属人管辖原则作为确定国际民事案件诉讼管辖权的主要原则。此外，在婚姻等涉及身份和主体能力的领域，大部分国家也坚持属人管辖原则。

在涉外非婚同居财产纠纷案件中，由于非婚同居财产关系是一种以一定身份属性（同居身份）为基础的财产关系，这种身份属性使得非婚同居财产关系与婚姻财产关系具有一定的相似性。再加上世界各国反映其对非婚同居关系的不同态度、不同文化、不同道德观念的差异性立法，这给涉外非婚同居财产案件的属人管辖奠定了基础。具体来说，在涉外非婚同居财产案件中，遵循属人管辖原则具有以下几点合理性：一是属人管辖尊重了国家主权，符合国际民事案件管辖权确定的主要原则；二是属人管辖反映了涉外非婚同居当事人与国籍国之间的密切联系，这种管辖有助于纠纷的顺利解决；三是对涉外非婚同居财产案件进行属人管辖，有利于体现这类案件的人身属性，进而最大限度照顾了各国法律在非婚同居问题上的“本土性”、差异性。当然，涉外非婚同居财产案件的属人管辖必须满足一定的前提，此处不用赘述。综上，属人管辖在涉外非婚同居财产案件中仍然具有现实意义，故应该作为其管辖权确定的基本原则之一。

（四）保护弱者利益原则

对弱者利益进行必要的保护，其本身应该是实体法层面关注实质公平与正义的法价值的一个方面。晚近以来，包括民法、经济法、劳动法乃至国际私法在内的多个部门法都看到了过去在一定程度上忽视了对实质公平与正义的维护，因而理论界与实务界都纷纷高度关注这样一些涉及法的实质正义的问题。比如在国际私法中，传统的准据法选择更多的是关注法律选择的技术性，而很少关注法律选择的实质与结果，在一定程度上淡化了国际民事法律纠纷的合理解决、当事人合法权益的维护和法律公平正义价值的捍卫等根本问题，因而晚近以来，国际私法越来越注重法律选择的结果正义，注重国际民事纠纷的合理解决。笔者认为，将保护弱者利益原则引入国际民事案件诉讼管辖权领域，是法律追求公平与实质正义的法价值在国际民事诉讼领域的自然延伸。对于涉外非婚同居财产案件管辖权的确定来说，适当遵循保护弱者利益原则很有必要。理由如下：一是将保护弱者利益原则纳入涉外非婚同居财产案件管辖权的确定环节，顺应了法律对公平与实质正义的法价值的需求，强化了国际民事案件在诉讼管辖权方面的实质正义效果。二是在涉外非婚同居财产案件管辖权确定中引入保护弱者利益原则，更加符合非婚同居关系的自身特点，有针对性地解决了该类案件中可能存在的管辖权不正义的问题。这是因为，由于非婚同居本身的原因，再加上法律保护不如婚姻关系周延，使得非婚同居较之于婚姻关系更容易存在事实上的弱势地位一方（这种弱势地位甚至因为涉外因素而存在得更加广泛），将保护弱者利益原则引入涉外非婚同居财产案件管辖权确定当中，无疑是在纠纷解决中为弱势地位一方的权益保护提供了更完备的保障。综上，保护弱者利益原则在涉外非婚同居财产案件管辖权的确定中是很有必要的。

（五）推定管辖原则

从当今的国际民事案件诉讼管辖权实践看，推定管辖尽管各国表述不一，但包括我国在内的世界各国在国际民事案件诉讼管辖权确定中几乎都在一定程度上承认和采纳了推定管辖的原则。无论是基于被告的自愿服从也好，还是基于原被告双方的“默示同意”（默示选择）也好，我们似乎都没有否定这种管辖权的理由。在涉外非婚同居财产案件管辖权的确定上，笔者认为，推定管辖原则自然也不能被忽视。只要涉外非婚同居财产案件中的被告方不提出异议且应诉答辩，我们就有必要尊重被告对自己权利的处置，从另一方面讲这也是对当事人意思自治的一种尊重和保护。

第二节　涉外非婚同居财产案件管辖权确定的依据

在探讨了涉外非婚同居财产案件诉讼管辖权确定的原则之后，本节主要针对涉外非婚同居财产关系这一特殊的国际民事案件的管辖权问题，结合相关的理论与实践，深入探讨涉外非婚同居财产案件的管辖权确定的依据及其体系。

一、涉外非婚同居财产案件管辖权确定需考虑的因素

涉外非婚同居关系与传统的涉外民事关系不同，既有别于涉外婚姻关系，又有别于一般的涉外财产关系。它是一种具有人身属性的特殊的新型涉外民事关系。鉴于此，在确定涉外非婚同居关系尤其是其中的财产关系的管辖权时，需要考虑该特定涉外民事关系的自身属性，从而构建出科学合理的管辖权规则。

首先，在涉外婚姻案件的管辖权依据中，英美法系国家通常是将涉外离婚案件事实与有关国家的地域联系作为确定管辖权的考虑因素，因而其最常用的管辖权依据是住所地或者惯常居所地。大陆法系国家则从涉外婚姻案件的身份属性角度出发，普遍采用属人管辖原则，因而其管辖权依据主要是国籍。从某种意义上说，住所地或惯常居所地、国籍也是涉外非婚同居财产关系的主要管辖权依据。但在某些情况下，由于涉外非婚同居关系的松散性、灵活性，仅仅采用住所依据或者国籍依据，并不一定合理。同时，由于涉外非婚同居中的财产关系毕竟是以同居关系为前提和基础的，因此这种财产关系中的身份属性不容忽视。所以，涉外非婚同居财产关系的管辖权规则也不宜照搬普通涉外财产关系的管辖权规则。总而言之，涉外非婚同居财产关系的管辖权规则应该能反映其自身的特殊性，涉外非婚同居财产关系管辖权的确定应充分结合该类涉外民事关系的自身因素予以考虑。

(一) 涉外非婚同居财产关系是当事人追求自由的产物

如前所述，随着全球社会经济的发展，人类文化与道德观念上的趋同与演变，非婚同居伴随着人们对传统家庭的功能和观念的变化与挑战变得日益普遍。而涉外非婚同居正是人们在这一背景下跨越国界的世界范围内的产物。因此，涉外非婚同居彰显了当代一些人在全世界范围内自由流动下对相对于婚姻更加自由的同居生活的向往。尽管我们很难对该种自由作出肯定或否定性评价，但我们都能从中理解出他们对这种生活方式的追求，至少在这一点上，我们应该予以尊重。与涉外非婚同居相伴随并且非常重要的一个问题就是非婚同居当事人之间的财产纠纷。涉外非婚同居当事人之间的财产关系，一方面，它不同于涉外婚姻关系中的财产关系，因为涉外婚姻关系中的财产关系是受各国婚姻法以及相关国际条约所明确规定的，并且目前理论界对该领域财产关系的研究也比较成熟；另一方面，也不同于普通的涉外合同关系，因为毕竟涉外非婚同居当事人之间的财产关系不是直接以财产为目的的纯粹财产关系，它是涉外非婚同居当事人选择非婚同居生活方式的必然产物。因此，这种财产关系既是非婚同居当事人追求自由的一个重要方面，同时也是这一同居方式中自由的重要体现。

涉外非婚同居财产案件的管辖权问题，是解决涉外非婚同居财产关系法律冲突的第一环节，同时也直接影响到案件的准据法选择从而最终决定了案件的处理结果。所以，涉外非婚同居财产案件的管辖权对于涉外非婚同居当事人而言是十分重要的。涉外非婚同居关系充分反映了同居当事人对该种同居方式下的自由的追求。同居者之间既没有法律上的严格身份约束（非婚同居者之间一般不产生传统亲属法上的身份关系[1]），不必履行婚姻关系中基于配偶身份的各项法定义务，也不受各国婚姻法中婚姻财产制的约束。有鉴于此，涉外非婚同居财产案件的管辖权问题也应该充分反映同居当事人对这种身份自由、财产自由的追求。因此，将非婚同居当事人对这种同居自由的追求的因素纳入涉外非婚同居财产案件管辖权的确定中具有一定的合理性。

（二）涉外非婚同居财产关系是具有一定人身属性的财产关系

我们在前文谈到，涉外非婚同居财产关系既有别于涉外婚姻等传统身份关系下的财产关系，又不同于以财产为直接目的和内容的普通财产关系。我们既不能否定它的财产关系属性，同时也无法

---

[1] 关于这一点，目前尚没有国家明确认可同居者之间基于传统亲属法上身份关系的存在。

忽视该类财产关系中所包含的身份属性特征。毕竟，这种财产关系的存在，它是以同居者双方基于长期共同生活的合意为基础的持续的两性同居关系为前提的。[1]也就是说，这种财产关系的存在是以同居双方当事人的同居者“身份”为前提和基础的。因此，涉外非婚同居财产关系是一种介于两者之间的新型财产关系。

在确定涉外非婚同居财产案件管辖权问题上，我们不仅要综合考虑不同法系国家管辖权制度的传统，更应该兼顾到这种双重属性对管辖权确定的影响，尽可能科学合理地将各种管辖权依据组建成一个逻辑的体系。具体说来，涉外非婚同居财产案件的管辖权可能涉及反映当事人身份属性的国籍管辖依据，可能涉及反映案件事实地域联系的住所（惯常居所）管辖依据，还可能涉及反映财产案件特征的财产所在地管辖依据，等等。这些都应该是我们探讨确定涉外非婚同居财产案件管辖权的重要因素。

（三）涉外非婚同居财产关系中更易出现弱势一方

进入当代社会以来，国际私法的实体价值日益受到学者们的推崇，[2]

---

[1] 有学者将这种关系称为契约身份论下的身份关系，同居契约产生了同居者身份，同居者身份又产生了相互间的财产权益关系。参见何群. 涉外身份关系法律适用研究[J]. 国际关系学院学报，2004(3).

[2] 如美国学者卡弗斯 1965 年出版的《法律选择程序》一书中就提出了直接对实体法进行选择以实现准据法选择的实体价值的设想（韩德培. 国际私法[M]. 第二版，2007）；美国学者荣格主张将具有实体取向的多边冲突规则适用于更多法律领域（宋晓. 当代国际私法的实体取向[M]. 第三章）；英国学者莫里斯 1971 年出版的《冲突法》中提出了公平需要理论以实现国际私法维护当事人之间的实体公平；我国学者宋晓《当代国际私法的实体取向》（武汉大学国际法博士文库，2004）；曲波《国际私法本体下弱者利益的保护问题》（法律出版社，2009）等。

同时也反映到许多国际私法的立法文件当中。❶在国际管辖权领域，管辖权对于案件实体结果的影响众所周知，因而近年来，理论界及立法实践开始将国际私法的实体价值引入国际管辖权制度上来。❷在涉外非婚同居财产关系案件当中，为了更好地实现国际私法的实质正义，管辖权的确定也应该考虑对同居当事人中处于弱势地位一方的保护。 这是因为，其一，涉外非婚同居关系是一种松散型的持续存在的具有一定身份属性的涉外民事关系。 这种涉外民事关系下的财产关系相对于涉外婚姻关系下的财产关系而言，由于普遍缺乏明确的法律规则的规制，更是处于一种没有保护的状态；其二，涉外非婚同居财产关系由于具有持续的、相对私密的特征，使得其很难为外界所知晓；其三，涉外非婚同居关系中，往往存在实际地位上的弱势方、同居生活中的奉献方，这种弱势、这种奉献往往可能导致同居当事人中强势一方将自己的意志强加给弱势

---

❶ 如《瑞士关于国际私法的联邦法》第44条对涉外婚姻的承认采用了尽可能使婚姻有效的冲突规则，第120条禁止消费者合同双方当事人自行选择合同准据法而要求适用对消费者有利的消费者惯常居所地国法律；1961年的海牙《遗嘱处分形式法律适用公约》第1条竟列出了8个连接点尽可能使遗嘱有效；我国《涉外民事关系法律适用法》也有很多类似规定；1980年罗马《合同之债法律适用公约》第5条和第6条对消费者、受雇佣者的特别保护；此外，1998年《委内瑞拉关于国际私法的法令》第32条有利于侵权行为受害人的规定，《德国民法典施行法》、1956年海牙《儿童扶养义务法律适用公约》、1973年海牙《扶养义务法律适用公约》等婚姻家庭领域保护妇女、儿童、老人和被扶养人等弱者利益的国际私法规则大量存在。

❷ 如美国众多专家学者认为，对强弱地位悬殊的国际民事法律关系当事人双方的管辖协议，应限制选择协议法院的效力；在立法上，《瑞士关于国际私法的联邦法》的第5条直接规定违反保护弱者的协议管辖无效；欧共体(欧盟)的《布鲁塞尔公约》体系则明确对三类存在弱势地位的当事人的合同进行协议管辖的限制；等等。

一方。[1]综上所述，由于涉外非婚同居关系自身的特殊性，由于各国法律对该类民事关系调整的不成熟或缺位，使得在涉外非婚同居财产关系中更容易出现弱势地位的一方，且目前尚缺乏相应的法律予以保护和平衡。因此，笔者认为，鉴于国际私法的实体价值取向，涉外非婚同居财产关系管辖权的确定，有必要考虑到这一因素。

二、涉外非婚同居财产案件管辖权依据的具体种类

在对涉外非婚同居财产关系进行管辖权设计时，鉴于涉外非婚同居财产关系自身的特殊性，我们一方面要看到该类国际民事关系中当事人对自由的追求，另一方面要看到不同法律传统国家在管辖权问题上的差异以及国际民事案件管辖权依据的多元化、统一化的趋势，同时我们还不能忽视在涉外非婚同居财产关系管辖权的确定中对实体价值的追求。因此，就涉外非婚同居财产案件的管辖权问题，笔者认为应确立如下管辖权依据。

(一)协议管辖

1. 涉外非婚同居财产案件协议管辖的合理性基础

协议管辖在国际民事案件管辖权领域的适用之所以会越来越普遍，主要在于它具有内在的优点和合理性基础。

(1)协议管辖制度是意思自治原则向国际民事诉讼领域的自然延伸。承前所述，协议管辖本质上是当事人在国际民事案件争

---

[1] See Shahar Lifshitz. A Liberal Analysis of Western Cohabitation Law [A]. Bar – Ilan University Public Law and Legal Theory's Working Paper, 2009:7 –9.

端解决中意思自治的具体体现，是争议双方自主合意选择管辖法院的方式。正如梅因爵士在《古代法》中论述的："所有进步社会的运动，到此处为止，是一个从身份到契约的运动。"从人类社会的正常发展讲，人类自身的解放、对自由本性的不懈追求自始至终是历史的方向。意思自治中所蕴含的权利至上、个人本位的思想以及私权对公权的挑战都符合了现代民主社会的伦理价值。意思自治的原则之所以会从传统民法领域发展到国际私法中当事人自主选择应适用的法律，从合同领域的"当事人自治说"扩展到物权、侵权行为、婚姻家庭与继承等民事领域，从准据法的自主选择到管辖法院的合意选定，都充分地彰显了意思自治原则的进步性、合伦理性。与当事人合意选择准据法一样，协议管辖是从另一个环节来尊重当事人的自由意志和确实维护私人当事人的利益，这也符合国际私法的目的。❶因此，可以说，协议管辖制度充分地反映了意思自治原则的法价值，它是意思自治原则拓展到国际私法后向国际私法另一个领域（国际民事诉讼领域）的自然延伸。

（2）涉外非婚同居财产关系一般对国家公共利益影响不大。众所周知，协议管辖作为一项重要的国际管辖权制度，它所强调的是只有与相关国家根本利益无涉、与相关国家关联程度不高的那部分国际民事案件的当事人才可以基于合意自主选择管辖法院。至于那些涉及相关国家公共政策、重要政治经济问题等的案件，没有哪个国家允许当事人协议选择管辖法院。而涉外非婚同居财产关系案件，主要是涉及涉外非婚同居当事人私人之间的财产纠纷，是一种比较纯粹的私人利益矛盾。一般来说，这类案件对有关国家

---

❶ Vischer. *General Course on Private International Law* [M]. 232 Recueil des cours 9, 1992:126.

的公共政策、公共利益等影响不大。因此，这是涉外非婚同居财产纠纷可以适用协议管辖的政策性前提。

（3）协议管辖有效避免了管辖权冲突，提高了国际民事案件管辖权确定的效率。目前，世界各国由于法律传统的差异，再加上管辖权往往涉及各国的主权、涉及相关国家的国家利益、涉及案件准据法的最终择定从而直接影响到案件当事人实体上的权利义务，因此，国际民事案件诉讼管辖权领域的法律冲突十分突出，这给涉外民事案件的解决造成了障碍。在这个意义上，对于那些不至于影响相关国家重大利益的国际民事案件而言，采用协议管辖制度具有十分重要的价值。对于涉外非婚同居财产关系而言，协议管辖就是由涉外非婚同居案件中的当事人自主合意地选择管辖法院。这样一来，不论相关国家的管辖权制度如何，都可以基于当事人的自主合意选择而直接确定管辖法院。尤其是在原本存在管辖权冲突的情况下，协议管辖不仅解决了管辖权冲突的问题，同时还提高了涉外非婚同居财产案件管辖权确定的效率。

（4）协议管辖增强了当事人解决纠纷的确定性和预见性。长期以来，传统的解决国际民事案件的国际私法方法受到人们的批评。其中有一个重要原因就是，传统国际私法过多地关注和强调冲突法正义、强调程序，而忽视了所有法律本应该具有的确定性与预见性的本质要求。在国际民事案件当中，当事人既面临无法预见最终应适用的实体法，无法对自己的实体权利义务形成认知，甚至还面临着无法预见案件究竟会由哪国法院管辖。如此一来，国际民事案件中的当事人对于案件纠纷的解决就缺乏预见性和确定性。而通过协议管辖合意选择管辖法院，既增强了当事人对案件究竟由何国法院管辖的确定性，同时，案件选定了管辖法院，就意味着选择了解决案件的法律适用的冲突规范，进而间接决定了案件最终适用的准据法。毫无疑问，这对于案件当事人纠纷解决的确定性和预见性是有帮助的。这也符合了法律应有确定性和预见性的本质要求。

2. **涉外非婚同居财产案件协议管辖的限制**

一方面我们看到了协议管辖存在的诸多优点与合理性，这可从协议管辖原则被越来越多国家立法和国际立法采纳得到证明。但另一方面，我们也不能过分夸大协议管辖中的意思自由。因为，无限制便无所谓自由；没有限制，“自由”不过是一种任性，绝对的自由在现实中并不存在。正如康德所说的：“如果在某种程度上，行使自由的本身就是对自由的妨碍，那么，根据普遍法则，这一定是错误的；反对这种做法的强迫或强制，则是正确的，因为这是对妨碍自由的制止，并且与那种根据普遍法则而存在的自由相一致。”[1]在各国的司法实践中，对“意思自治”的适用从来都不会没有任何限制。因此，协议管辖的自由也应该受到一定的限制。笔者认为，对涉外非婚同居财产案件的协议管辖应从以下几个方面予以适当限制。

（1）共同的限制。在协议管辖的限制上，尽管不同国家的立法实践存在诸多差异，但目前也形成了一些国际公认的标准，主要有如下几个：一是当事人的协议管辖不得与相关国家的公共秩序相违背。公共秩序保留作为一个安全阀，它已经成为国际私法的一项基本原则。各主权国家几乎无一例外地要求当事人的协议管辖不得与本国公共秩序相违背。如《土耳其共和国国际私法和国际诉讼程序法》（1982 年版）第 31 条规定：“在不违反土耳其专属

---

[1] 〔德〕康德. 法的形而上学原理[M]. 沈叔平译，北京：商务印书馆，1991：29.

管辖权和公共秩序的前提下，当事人就合同事项等争议可以通过协议提交外国法院管辖。”同时，有的国家在决定中止本国法院的诉讼时还可能考虑相关外国的公共秩序。❶二是当事人的协议管辖不得与相关国家的专属管辖、级别管辖相违背。专属管辖案件，往往涉及相关国家的重大利益，因而各国一般都不允许当事人通过管辖协议来排除本国的专属管辖权。在级别管辖问题上各国一般都将协议管辖限定在第一审程序，而不允许选择上诉法院。❷此外，世界各国一般还规定协议管辖中，当事人的管辖协议应该是真实和善意的意思表示一致。❸因此，涉外非婚同居财产案件的协议管辖，自然不能与这些世界各国公认的限制相抵触。

（2）协议形式的限制。尽管意思自治原则中协议的形式被日益放宽，这一趋势尤其在国际经贸合同的实体领域表现得相当明显；❹但在协议管辖的形式要件上，国际私法的立法实践却表现出相当谨慎的态度。究其原因，主要是国际社会长期形成的那种认为协议管辖可能剥夺本国法院的管辖权进而有损本国主权观念的存

---

❶ Yeo Tiong Min. Role of Public Policy, Overt and Camouflaged, in International litigation and Arbitration [J]. See Chan Wing Cheong. Current Legal Issues in International Commercial Litigation , 1997:401－403. 转引自韩德培. 国际私法[M]. 北京:高等教育出版社、北京大学出版社,2007:141.

❷ 如《日本民事诉讼法》第25条明确规定:“当事人以第一审为限,可以根据协议决定管辖法院。”

❸ 朱志晟. 国际民事诉讼中的协议管辖原则比较研究[J]. 时代法学,2004(5).

❹ 如1980年欧共体的《合同义务的法律适用公约》、1980年的《联合国货物销售合同公约》等都对协议的形式进行了宽松、灵活的规定。

在。❶因此，在管辖协议的形式要件上，世界各国无不予以严格限制。❷日本以及我国民事诉讼法也只认可当事人书面管辖协议的效力。❸随着协议管辖制度的发展和完善，晚近的国际私法立法实践逐渐对管辖协议的形式要件有所放宽。❹到欧共体《布鲁塞尔公约》1978 年文本，关于管辖协议的形式已经变得相当灵活。而 2005 年的海牙《选择法院协议公约》更是从世界范围层面对管辖协议的形式要件予以明确放宽。公约除了认可毫无争议的书面管辖协议（包括独立的管辖协议和协议管辖条款）之外，还允许书面协议之外的能够通过书面证明的管辖协议的效力。❺这就是说，其他形式包括口头形式的管辖协议，只要能够通过书面证明，也为公约所认可。因此，在涉外非婚同居财产案件协议管辖的形式上，必然存在一定的限制。但从协议管辖的国际私法实践和发展趋势看，这种管辖协议纯粹形式上的限制不宜过于严格。笔者认为，宜借鉴《布鲁塞尔公约》和海牙《选择法院协议公约》的精神，予

---

❶ 如美国直到 1972 年最高法院才在 The Bremen 一案中承认了国际合同领域的管辖协议的效力。See the Bremen V. Zapata Off – Shore Cu, 407 U. S. 1, 9. 1972.

❷ Jason Webb Yackee. A Matter of Good Form: the Downsized Hague Judgments Convention and Conditions of Formal Validity for the Enforcement of Forum Selection Agreements[M]. 53 Duke L. J. 2003:1179.

❸ 参见《日本民事诉讼法》第 25 条、我国《民事诉讼法》第 242 条。

❹ 如 1989 年《瑞士关于国际私法的联邦法》第 5 条第 1 款明确了管辖协议可通过书信、电报、电传、传真或其他可构成书面证明的通讯方式达成；1995 年的《意大利国际私法制度改革法案》第 4 条采用了“书面证明”的灵活规定；2007 年《土耳其共和国关于国际私法与国际民事诉讼程序法的 5718 号法令》第 47 条要求对管辖协议进行“书面证明”；等等。

❺ 王吉文. 2005 年海牙公约中协议管辖的形式要件评析[J]. 江西财经大学学报，2007(5).

以严格但不失灵活性的限制。在明确书面形式的管辖协议之外，还应承认同居双方明确表示一致认可的口头协议，以及一切能证明确实存在管辖协议的其他形式的效力。

（3）选择法院范围的限制。在协议管辖的理论与实践上，长期以来，一直存在当事人在选择管辖法院的范围上该不该有限制的争议。英美等国家一般认为，当事人选择的法院与案件之间的联系并不必然构成协议管辖的必要条件。而且他们认为，漠视这种联系，不仅有利于当事人更加便利更加自由地行使诉权，还有利于保证管辖法院坚持中立、公正的立场，进而有利于维护当事人的合法权益。另一种观点则坚持当事人协议选择的法院应当与案件或争议有实际联系。如法国、墨西哥、日本[1]以及我国等国家均持此观点。他们认为，协议管辖的实际联系限制对于解决纠纷效率的提高和诉讼资源的节约更加有利。事实上，从司法实践情况看，管辖法院与案件之间是否有实际联系，确实有可能会影响案件审理和执行的便利与效率，但这种影响并不具有必然性。而且，作为理性人的当事人在进行协议管辖选择法院时，往往会综合考虑所选法院在解决纠纷时的公正、便利、效率、执行难易等因素。因此，越来越多的国家开始放弃这种实际联系要件，[2]只要当事人的协议管辖是自主合意且没有违背专属管辖、级别管辖，也没有与相关国家的公共秩序相抵触，那么这种协议管辖就应该是有效的。对于涉外非婚同居财产案件的协议管辖，笔者认为，基于对非婚同居当事人选择自由的同居方式的尊重，既然将协议管辖作为该类案件管

---

❶ 参见《日本民事诉讼法》第25条，白绿铉编译．日本新民事诉讼法[M]．北京：中国法制出版社，2000：72－73．

❷ 如1989年的《瑞士关于国际私法的联邦法》、1995年的《意大利国际私法制度改革法案》、1998年的《突尼斯国际私法》等等。

辖权确定的首要原则，那么，对非婚同居当事人选择法院上的范围限制就不宜过于严格，可以考虑在放宽选择范围的基础上通过兜底条款的方式予以灵活限制。

（4）实体价值的限制。众所周知，意思自治原则已经拓展到国际私法的诸多领域。一方面，不论是在准据法的选择方法上，还是在管辖权领域的协议管辖制度中，对当事人自由意思的尊重已经被众多国家的国际私法实践所采纳。另一方面，晚近国际私法发展的新趋势表明，在继续强调冲突法正义的同时国际私法也日益追求实体正义。在国际民事案件诉讼管辖权领域，国际私法的这一实体价值取向也相当突出。[1]因此，协议管辖一方面因为充分尊重了当事人对解决私人纠纷管辖法院选择的自由而被众多国家立法所肯定，另一方面又因为当事人意思自治以及权利滥用等可能导致的对一国政策和法的实体价值的损害而不得不对其予以限制。在协议管辖制度中，这一实体价值上的限制主要是通过对强势地位一方滥用优势地位、将单方面意志强加给对方等过度自由的否定，以

---

[1] 详见本书第三章第一节之“当代国际私法的实体价值渗透到国际民事诉讼管辖权领域”部分。

确保处于弱势地位一方在管辖协议中的真实意思表示来实现的。[1]笔者认为，涉外非婚同居财产关系当中，更容易存在弱势地位的一方。因此在涉外非婚同居财产案件中不能排除存在强势地位一方通过协议管辖实际损害弱势地位一方（尤其是对妇女及儿童而言）合法权益的情况。而这显然是不符合国际私法不断追求实体价值的取向的。综上所述，笔者建议，在对涉外非婚同居财产案件进行协议管辖制度设计时，有必要从实体价值层面对非婚同居者之间的管辖协议进行必要的限制。

（二）属地管辖

属地管辖原则是一项古老的国际民事案件管辖权原则，即国家对位于其领土内的一切人和事享有属地优越权，它是国家主权原则在管辖权领域的直接体现。鉴于国家主权原则在国际法中不可撼动的地位，属地管辖至今仍是国际民事案件管辖权确定的最重要原则之一。具体到涉外非婚同居财产案件而言，笔者认为，在非婚同居当事人之间无法证明存在管辖协议或者管辖协议无效的情况下，可以通过属地

---

[1] 如：1989年《瑞士关于国际私法的联邦法》第5条第2款明确规定，当事人对管辖法院的选择如果违反该法关于保护弱者规定的则无效；1999年《斯洛文尼亚共和国关于国际私法与诉讼的法律》第52条第2款“无论本条第一款规定如何，在因消费关系及因保险关系产生的诉讼中，如果消费者或被保险人为住所在斯洛文尼亚共和国的自然人，当事人不得协议由外国法院管辖”。该条款就是对可能不利于本国消费者、被保险人等弱者保护的协议外国法院管辖的直接限制；2007年《马其顿共和国关于国际私法的法律》第56条第2款也有几乎完全相同的规定；2007年《土耳其共和国关于国际私法与国际民事诉讼程序法的5718号法令》第47条第2款规定，对雇佣关系、消费者合同、保险合同三类诉讼，当事人不得通过管辖协议排除其保护性管辖规定。欧盟（欧共体）的《布鲁塞尔公约》也有许多类似规定。

管辖原则来确定涉外非婚同居财产案件的管辖权。涉外非婚同居财产案件的属地管辖笔者认为主要有以下两种。

1. 住所地（惯常居所地）管辖

世界上很多国家都是以当事人的住所地作为确定案件管辖法院的依据，❶或者是被告住所地，或者是原告住所地，或者是惯常居所地。具体到涉外非婚同居财产案件当中，非婚同居当事人双方一般情况下有共同的住所，那么这种情况下以当事人双方共同的住所地来确定管辖法院理所当然；如果非婚同居当事人双方没有在共同住所地居住，而是存在惯常居所的情况下，根据国际民事诉讼管辖权实践，惯常居所❷（我国称为习惯居所）也可以成为涉外非婚同居财产案件管辖权确定的依据；如果涉外非婚同居当事人既没有共同住所地，也没有形成惯常居所，这种情况下的属地管辖依据又如何呢？有人主张被告住所地或者原告住所地法院都可以行使管辖权，而有人则认为这种情况应以非婚同居双方的居所作为管辖权确定的依据。这两种观点笔者认为并无不妥，但笔者主张具体问题具体分析。如果同居双方存在共同居所（我们无法完全排除少数同居者居无定所的情况），笔者认为以共同居所地作为该类案件

---

❶ 如大陆法系的德国、日本、奥地利、瑞士等国，英美法系的英、美等国都以当事人住所地作为最重要的管辖权依据。

❷ 惯常居所在海牙国际私法会议的众多文件中和大部分国家的立法实践中都是属地管辖的重要依据。1979年5月美洲国家在蒙得维的亚签订的《美洲国家关于国际私法中自然人住所的公约》将惯常居所排在第一顺序位。

的管辖权依据更加合理和便利；[1]如果非婚同居双方的共同居所地确实无法确定或者已经离开原共同住所地（共同居所地）多年，使得原共同住所地（共同居所地）与当事人或案件丧失实际联系的，则不宜由原共同住所地（共同居所地）法院管辖，这种情况下，似乎由被告或者原告单方的住所地管辖更为妥当。

2. 财产所在地管辖

涉外非婚同居财产案件中，财产所在地有时也可以成为确定该类案件管辖法院的根据。一种情况是非婚同居当事人之间没有管辖协议，也无法通过住所地的属地管辖来确定管辖法院，而且他们双方之间争议的主要财产位于某一国境内，那么这时赋予主要财产所在地国法院以管辖权，既符合很多国家的管辖权实践，同时也符合确定管辖权的最密切联系原则和纠纷解决的便利性要求。如德国、芬兰、丹麦、挪威、瑞典、冰岛、奥地利、日本、苏格兰以及我国等国家和地区的管辖权实践中都承认这一管辖根据；[2]在国际立法实践中，如1928年的《布斯塔曼特法典》明确将涉及财产问题的诉讼由财产所在地法院管辖作为普遍原则。[3]也有一些人认为以财产所在地来确定管辖法院有些牵强和不合理。[4]笔者也认为，将

---

[1] 因为涉外非婚同居财产案件中，除了同居双方所争议的财产与共同居所地有着密切联系之外，涉外非婚同居财产案件中所涉及的一方为“家庭”操持家务、无私奉献地也是在共同居所地，因而共同居所地法院的管辖会使案件的处理更加便利。

[2] 当然，这些国家的财产所在地管辖依据主要是针对被告的财产，而且各国对财产所在地与案件的联系程度、财产价值大小要求都不相同。

[3] 韩德培. 国际私法[M]. 北京：高等教育出版社、北京大学出版社，2007：475.

[4] 赖紫宁. 国际民事诉讼管辖权的根据及其新发展[J]. 中外法学，1999(2).

与案件没有任何实质联系的财产所在地作为涉外非婚同居财产案件管辖法院的确定依据确实有欠合理。但如果该财产是非婚同居双方当事人争议的主要财产，那么这时赋予主要财产所在地国以管辖权不仅没什么不妥，而且还有利于案件的审理和将来的执行。另一种情况是涉外非婚同居当事人双方之间所争讼的主要是不动产，那么这时以该不动产所在地法院作为管辖法院显然是合理的。[1]

（三）属人管辖

属人管辖原则也是一项古老的国际民事案件管辖权原则。它主要侧重于案件当事人与相关国家在法律上的联系，强调一国法院对具有本国国籍的国民享有属人优越权（英美法系国家则是将住所地法作为属人法）。简单地说，国际民事案件中当事人的国籍就是确定案件管辖法院的根据。大陆法系国家更倾向于将属人管辖原则作为国际民事诉讼管辖权的重要原则。首先是以法国为代表的大陆法系国家，包括意大利、荷兰、比利时、卢森堡、希腊、葡萄牙、西班牙以及拉丁美洲部分国家，都将属人管辖作为他们的主要原则。而其他大部分国家，如德国、奥地利、日本和瑞士等国，在婚姻等涉及人的身份和能力的案件领域一般也由当事人本国（国籍国）法院行使管辖权（属人管辖）。

对于涉外非婚同居财产案件而言，笔者认为，也不能忽视属人管辖原则的价值。其一，目前世界上采用属人管辖原则的国家不在少数，如果完全否定该类案件的属人管辖权，势必是不现实的。其二，涉外非婚同居财产案件，表面上属于财产案件，但该类案件虽然不像婚姻案件那样具有传统身份性质，其本质上所具有的身份

---

[1] 目前世界各国的国际私法实践大多将不动产所在地的管辖纳入专属管辖的范畴，我国《民事诉讼法》第 34 条也明确了这一专属管辖。

属性却是不容忽视的。❶认可相关国家对涉外非婚同居财产案件的属人管辖权既尊重了国家主权原则，也符合一国保护本国人利益和为本国人提供司法服务的宗旨。其三，属人管辖本身还能弥补协议管辖、属地管辖的不足，避免国际管辖权的消极冲突。当涉外非婚同居财产案件当事人之间没有管辖协议，又没有共同住所地、惯常居所地、经常居所地以及原单方住所地，属地管辖难以对这样的案件行使管辖权的时候，对该类案件采用属人管辖原则不仅合理且十分必要。

（四）推定管辖

推定管辖也是目前大部分国家所采用的管辖原则。❷当然，对这种管辖权的表述，有的国家称之为被告自愿服从管辖，如新加坡、尼日利亚等；有的将其称为应诉管辖，如欧盟理事会2001年第44号《关于民商事案件管辖权及判决承认与执行的规则》第24条、❸我国《民事诉讼法》第243条等；还有的国家将其视为双方

---

❶ 如前文所述，一个是该类财产关系本质上是以持续、稳定的同居身份存在为前提的两性关系，具有一定的身份属性；另一方面，在众多国家的理论与立法实践中，已经将非婚同居关系视为一种新型的家庭关系、类婚姻关系而予以平行调整，具体可参阅第一章内容。

❷ 如《日本民事诉讼法》第12条，参见白绿铉编译. 日本新民事诉讼法[M]. 北京：中国法制出版社，2000：36－37；《德国民事诉讼法》第38条，参见谢怀轼译. 德意志联邦共和国民事诉讼法[M]. 北京：中国法制出版社，2001：8；《马其顿共和国关于国际私法的法律》第57条，参见邹国勇译注. 外国国际私法立法精选[M]. 北京：中国政法大学出版社，2011：253；我国台湾地区民事诉讼法第25条，参见樊崇义. 我国台湾地区民事诉讼法[Z]. 载诉讼法学研究（第6卷）[C]. 北京：中国检察出版社，2003：344；等等.

❸ 欧福永. 英国民商事管辖权制度研究[M]. 北京：法律出版社，2005：88.

默示选择的协议管辖，如《德国民事诉讼法》第38条。❶

对于涉外非婚同居财产案件，笔者认为，应该认可这种推定管辖制度。不论是从当今世界国际民事诉讼管辖权的立法实践角度，还是从涉外非婚同居财产关系本身所彰显的同居当事人对私人生活自由的追求和对双方纠纷解决的管辖权的自由合意选择的看重，以及便利当事人和节约司法资源等角度看，涉外非婚同居财产案件中，如果一方当事人向某国法院起诉，而另一方应诉答辩的，我们都不应该否认这种管辖权的合法有效性。

（五）不方便管辖

不方便管辖原则充分地考虑了案件当事人双方参与诉讼的方便、调查取证的难易以及所使用语言的便利与否等客观情况；同时还可以有效对抗原告挑选法院，防止司法不公；❷除此之外，不方便管辖原则还有利于解决国际民事诉讼管辖权的冲突。因此，不方便管辖原则在世界各国尤其是在英美法系国家的司法实践中得到了广泛的认同和采用。❸而且，笔者估计，随着国际民事诉讼法的发展，不方便管辖原则应该得到更多国家和更大范围的采用。在涉外非婚同居财产案件中，在确定该类案件的管辖权时，更应该遵循不方便管辖原则。因为其至少有以下三个方面的价值：一是遵循不方便管辖原则确实有利于同居当事人双方参与诉讼的便利；二

❶ 《德国民事诉讼法》第38条第1款规定："本来没有管辖权的第一审法院，可以因当事人间明示或默示的合意而取得管辖权。"

❷ 韩德培．国际私法问题专论[M]．武汉：武汉大学出版社，2004：297－298.

❸ 李双元，谢石松．国际民事诉讼法概论[M]．武汉：武汉大学出版社，2001：314－331.

是有利于防止原告挑选法院，如此更能兼顾到对涉外非婚同居财产案件中处于弱势地位的一方同居者的管辖保护；三是面对该类案件可能存在的多个管辖权依据，不方便管辖原则有利于尽可能避免管辖权的积极冲突。

第三节　依“管辖权处理方式”确定的准据法——法院地法

本章前两节中主要讨论了涉外非婚同居财产案件管辖权的确定原则和依据，从管辖权的角度分析和探讨了涉外非婚同居财产案件的管辖权确定问题。在笔者看来，管辖权的确定在整个涉外非婚同居财产关系准据法选择机制中既是前提性环节，也可以说是第一环节，甚至，在依“管辖权处理方式”确定准据法的准据法选择方式中，管辖权的确定本身就等于准据法的确定。因此，在本节中，主要探讨依“管辖权处理方式”确定的准据法——法院地法的适用问题。

一、将法院地法作为案件准据法的立法与理论考察

按照“管辖权处理方式”所确定的准据法，一般就是法院地法。从当今各国准据法选择实践看，尽管尽可能地采取客观中立的态度限制法院地法的适用范围是当今国际私法理论与实践的发展趋势，但适用法院地法不论是在理论上还是在实践中都仍具有相当的价值。因此，很多国家在其国际私法中对一些具体的法律适用领域明确要求适用法院地法，从而使得这些领域的国际民事案件的管辖权确定与准据法的确定合二为一。

(一)适用法院地法的国际私法立法例

从各国的立法实践看，适用法院地法目前主要有以下几种方式。一是直接规定适用法院地法。如《美国冲突法重述（第二次）》关于“法院应适用法院地法以决定是否准许收养”的规定、1971 年《瑞典关于收养的国际法律关系法》第 2 条中“申请收养应依瑞典法”的规定、❶《德国民法典施行法》第 17b 条之“对于同性同居者之间位于德国境内的动产权益适用德国法”的规定、《瑞士关于国际私法的联邦法》第 61 条第 1 款“离婚和分居适用瑞士法律”以及我国《涉外民事关系法律适用法》第 27 条关于“诉讼离婚，适用法院地法律”的规定等等都是这种情况。这种适用法院地法的准据法确定方式，一般是基于以下考虑：其一，法律适用的简便高效。毫无疑问，在所有准据法选择方式中，依“管辖权处理方式”直接适用法院地法是最简便和高效的。其二，基于某类案件关涉法院地国的国家利益、社会公共利益或者法律基本原则与政策，因而要求直接适用法院地国法。其三，基于国际民事关系与法院地国的密切联系。如上述美国与瑞典国际私法中关于收养条件适用法院地法的规定就是基于这种密切联系而要求直接适用。

二是为弥补冲突规范中连接点的不足或者应适用的法律中没有相关规定或外国法无法查明时将法院地法作为确定准据法最后的补充。前者如《瑞士关于国际私法的联邦法》第 54 条第 3 款，夫妻财产制的准据法在当事人双方既没有选择法律，又从未同时在同一国家有过住所，也无共同国籍的情况下，最后适用瑞士法律；以及《立陶宛共和国民法典》第 1.29 条，“同居及离婚，适用固定住所

❶ 转引自蒋新苗. 国际收养准据法的选择方式[J]. 法学研究，1999(1).

地法"，无共同固定住所地的，适用最后固定住所地法，最后可适用受案法院所在地法❶，都是将法院地法作为最后的补充。后者如《瑞士关于国际私法的联邦法》第65c条第1款之规定："依照第3章规定应予以适用的法律对注册的同性伴侣关系未作规定的，适用瑞士法律。"

三是从国际私法的实体正义角度出发，结合具体情况考虑法律适用的正义性和法益保护的优先性，明确规定适用法院地法。随着国际私法理论中公平与实质正义等法价值的强化，很多国家的国际私法立法在准据法选择机制中也注重发挥法院地法的这一价值。如《瑞士关于国际私法的联邦法》第61条第3款："依照夫妻双方国家法律不能离婚或者只允许在非常严格的条件下离婚时，如果夫妻一方亦为瑞士国民或者在瑞士居住满2年时，则应适用瑞士法律。"该条规定就充分体现了适用瑞士法律为维护当事人离婚自由权利的法价值。《德国民法典施行法》第17b条第2款中关于同性生活伴侣在德国境内实施的法律行为，如果适用德国法比外国法对善意第三人保护更为有利，则适用德国《同性生活伴侣关系法》之规定。该条规定则明显彰显了法院地法对善意第三人进行更充分保护的意图。

(二)适用法院地法的理论趋势

第一方面是尽可能限制法院地法的适用范围。自从萨维尼提出"法律关系本座说"将国际私法真正带入客观主义、普遍主义时

❶ 立陶宛共和国民法典[Z].邹国勇译，载于中国国际私法与比较法年刊(第7卷)[C].北京：法律出版社，2005：620－621.

代以来，鉴于“国际社会本位理念”，❶尽管法院地法当前仍然有它存在的空间，但是平等对待本国与外国法律、尊重当事人意思自治、用最密切联系原则指引准据法、合理利用公共秩序保留制度、排除外国法或外国法无法查明时不可一概代之以法院地法等限制法院地法适用范围的主张已经成为当下准据法选择的主流。❷这本身也是国际私法产生与发展过程中的一个总的需求和发展趋势。因此，对于国际民事案件的法律适用，应尽可能消除人为因素或者偶然因素的影响，尽量选择那些最有利于案件公平公正解决的法律，即要尽可能减少管辖法院对适用法院地法的影响。

第二方面是将法院地法作为防止涉外民事关系冲突规范指引准据法不周延的重要举措。当代各国国际私法发展过程中有一个共同的要求或者说目标就是要尽可能使冲突规范更加灵活周延，在避免冲突规范“过硬”的同时，还要尽可能防止冲突规范指引准据法的不周延。因此，在冲突规范的主要连接点之后，补充一个适用法院地法的规定，可以有效防止这种不周延性，提升准据法选择机制的效果，促进国际民事法律冲突的顺利解决。这一趋势在当今国际私法立法实践中十分明显。如《瑞士关于国际私法的联邦法》第65a条规定，注册的同性伴侣关系，依次适用当事人双方明示选择的法律（住所所在地国法、一方本国法），未选择法律时适用当事人双方同时有住所地国法、最后同时有住所地国法、共同本

---

❶ 李双元. 21世纪国际社会法律发展的基本走势的展望[A]. 载李双元. 走向21世纪的国际私法——国际私法与法律趋同化[M]. 北京:法律出版社,1999.

❷ 李双元. 法律趋同化问题的哲学考察及其他[M]. 长沙:湖南人民出版社,2006:331.

国法，而没有相应规定时，直接适用瑞士法；❶《立陶宛共和国民法典》第1.29条规定，同居及离婚，适用固定住所地法，无共同固定住所地的，适用最后固定住所地法，其他情况下适用受案法院所在地法；❷等等。

第三方面是法院地法维护实质正义等法价值的功能得到充分发挥。尽可能限制法院地法的适用范围，也并不是说适用法院地法就一定不合理。一个国家的准据法选择机制是否科学或进步，相当程度上要看它是否做到当适用外国法时适用了外国法，当适用法院地法时适用了法院地法。尽管我们在国际民事关系法律适用上应坚持“国际社会本位理念”，但当冲突规范所指引的准据法的适用存在不合理、不正义或有其他适用障碍时，适用法院地法还具有维护实质正义等法价值的补救或矫正功能。如前述《瑞士关于国际私法的联邦法》第61条第3款适用瑞士法律对离婚自由权的保护和《德国民法典施行法》第17b条第2款对善意第三人的保护都反映了法院地法维护实质正义等法价值的补救或矫正功能。

二、依“管辖权处理方式”确定的法院地法的类型

从上述分析得知，尽管我们不宜过分扩大法院地法的适用范围，但在维护法院地国的重要利益、发挥其补充与价值矫正功能方面，在准据法选择机制中适用法院地法仍然具有十分重要的意义。这一价值在涉外非婚同居财产关系准据法选择机制中也得到了充分

❶ 邹国勇译注. 外国国际私法立法精选[M]. 北京：中国政法大学出版社，2011：155.

❷ 立陶宛共和国民法典[Z]. 邹国勇译，载于中国国际私法与比较法年刊(第7卷)[C]. 北京：法律出版社，2005：620－621.

体现。依“管辖权处理方式”确定的法院地法主要指的是基于管辖权（而不是基于连接点）确定准据法的情况，具体表现为以下两种类型的法院地法。

（一）直接确定为涉外非婚同居财产案件准据法的法院地法

由于各国经济、社会、文化、宗教以及道德观念等的不同，使得当今各国在婚姻家庭领域的立法差异实难调和。因此，针对婚姻家庭领域的法律冲突，一般情况下都是通过冲突规范这一间接途径来解决。作为婚姻家庭领域新类型的涉外非婚同居中的财产纠纷，一国法院在取得案件管辖权以后，直接通过适用其本国法（法院地法）作为准据法的情况，目前很少看到这样的立法例。但是，随着涉外民事关系本身的日益复杂，随着国际私法理论的不断发展，不能通过直接适用法院地法来解决涉外民事纠纷的情况也并非一成不变。

基于非婚同居关系这一特殊的身份属性，一国实体法（包括判例）中基于本国公共秩序的考量，为了维护本国的道德传统、法律基本原则以及重大政策，或者是涉及法院地国的国家利益、社会公共利益，存在一些涉及该类案件的强制性规定也不是没有可能。[1]如果法院地国的相关法律中存在这种需要直接适用或强制适用的法的情况，则当然要适用法院地的法律作为案件最终的准据法。在这种情况下，依“管辖权处理方式”将法院地法确定为涉外非婚同居财产案件准据法就顺理成章。

基于管辖权将法院地法直接确定为涉外非婚同居财产案件的准

[1] 从国际私法理论发展的趋势看，存在这种强制适用或者说直接适用法院地国法来解决某些涉外民事纠纷的情况已经具有普遍性，目前已经成为涉外民事纠纷解决机制的一个重要组成部分。

据法，具有以下几个方面的价值。一是这种准据法的确定方式在可预见性、确定性方面具有比较优势，往往更有利于涉外民事纠纷的迅速解决。二是尽可能地维护了法院地国的公共秩序。对于那些受案法院相对保守甚至认为非婚同居为法律所禁止或者违背基本伦理道德的国家，如果冲突规范将准据法指引到承认非婚同居关系的国家，那么此时的法律适用可能会严重损害法院地国的公共秩序。因此，基于公共秩序保留的需要，在此情况下，适用法院地法对法院地国就具有了十分重要的意义。三是对那些非婚同居法律保护比较充分的国家，通过直接适用法院地法，很大程度上可以使不认可非婚同居的外国的同居者的权益得到充分保护，有利于涉外非婚同居财产纠纷的顺利解决。

（二）基于矫正与补充被确定为涉外非婚同居财产案件准据法的法院地法

国际私法的发展趋势告诉我们，涉外民事法律冲突的解决日益灵活，准据法确定的方法越来越周延，公平与正义等法的实体价值日渐受到世界各国的重视，等等。除了上述直接将法院地法确定为涉外非婚同居财产案件准据法之外，还存在这样一种情况，即基于国际私法实体价值或者矫正正义实现的需要，基于准据法确定的周延性的需要，在法院地国冲突规范之外明确将法院地法作为涉外非婚同居财产案件准据法。这种法院地法本质上也实现了管辖权与准据法的合二为一，而且关键还在于它是基于管辖权直接确定而非其他连接点所指引的法院地法，具体包括如下三种情况。

一是在非婚同居关系本身的存在与否及其地位方面，基于管辖权明确适用法院地法，使对非婚同居当事人有利、对涉外非婚同居财产纠纷解决有利的法律得到适用，本身就是国际私法实现矫正正义的体现。目前，世界各国在对待非婚同居关系的态度方面还存在较大的差异，有的国家，如荷兰、瑞典、丹麦、挪威、南非、菲律宾等国已经将非婚同居视为与婚姻家庭并列的新型家庭关系，从而对非婚同居有一整套与婚姻家庭相类似的法律制度，因而在这些国家对非婚同居者权益的保护更加充分。大部分允许非婚同居的国家如法国、英国、美国、加拿大、澳大利亚等国，也承认了非婚同居这一家庭关系新模式，但在地位和法律规定方面又不如荷兰等国充分全面，故其法律对非婚同居者的权益与对婚姻中的当事人的权益处理有较大的不同。还有一些国家，严格限制异性非婚同居关系，仅赋予同性同居者以类似婚姻项下的权益，如德国、冰岛、芬兰以及美国的佛蒙特州等国家和地区。此外，当今世界仍然存在一部分国家对非婚同居现象视而不见甚至禁止的情况，因此，在这些国家的法律规定中，要么是直接剥夺同居者基于非婚同居的权益，要么是缺乏对非婚同居者各项财产权利的规定。正如前文所论，由于世界各国在非婚同居关系本身认可与地位上存在的巨大差异，使得涉外非婚同居财产案件准据法的选择变得非常关键。[1]一旦冲突规范所指引的准据法严重不利于对非婚同居当事人权益的保护，而相反法院地法却为非婚同居当事人提供了较为充分的保护时，适用法院地法则有利于维护非婚同居当事人的正当权益，实现法院地法所承载的矫正功能。

二是在非婚同居财产关系的具体内容方面，基于管辖权适用法院地法，有可能更好地满足保护善意第三人利益，保护非婚同居中的弱势地位一方，维护法律的公平与正义价值，这也是国际私法实体价值在准据法选择机制中的反映。承前所述，当今世界各国在

---

[1] 具体可参见本书第二章相关部分。

准据法选择方面乃至整个国际私法领域，都呈现出由单纯的“冲突法正义”向兼顾“冲突法正义”和“实体法正义”的转变。所以，晚近以来的国际私法发展对解决国际民事法律纠纷的实质效果更加关注，关注公平与正义的实体法价值在准据法确定过程中尤为明显。在涉外非婚同居财产案件的准据法选择中也不能忽视法院地法的这一功能。众所周知，对善意第三人予以特别保护是私法维护交易安全和健康社会秩序的必要举措，因此，各国民法都将善意第三人的利益作为优先法益进行保护。这一特点也渗透到了准据法选择机制中，即当适用法院地法较之于适用外国法更有利于对善意第三人提供保护时，则明确规定此时应适用法院地法。如上文所提及的《德国民法典施行法》第 17b 条第 2 款，就彰显了德国国际私法通过法院地法对非婚同居关系中的善意第三人利益予以更加充分保护的法价值。而对于弱势地位的一方当事人的利益，通过国际私法中的准据法选择予以特别保护也是晚近国际私法发展的一个重要趋势。这一点在多国的国际私法立法以及国际条约中得到了体现。尤其是在消费者合同、个人雇佣合同、保险合同等涉及弱势地位方的领域，各国国际私法对弱势地位一方利益特别保护的立法实践更比比皆是。一个是在涉及弱者利益保护的协议管辖中对当事人双方意思自治的适当限制；[1]另一个就是在准据法选择环节为了保护弱势地位一方利益而特别规定应适用的法律或不得通过协议排除的法律。[2]因此，在涉外非婚同居财产案件中，由于涉外

---

[1] 具体可参见本书第三章第一节关于瑞士、美国、德国以及欧共体《布鲁塞尔公约》、海牙《民商事管辖权及外国判决公约》等的介绍。

[2] 如《斯洛文尼亚共和国关于国际私法与诉讼的法律》第 21 条、第 22 条之规定。载于赵海峰. 国际法与比较法论坛[M]. 哈尔滨：黑龙江人民出版社，2008：516－517.

非婚同居关系中极易出现事实上的弱势地位一方，因而通过准据法选择机制对弱势地位一方予以特别保护应当成为体现国际私法保护弱者利益法价值的一个新领域。一旦出现适用外国法不利于保护非婚同居关系中的弱势地位一方而适用法院地法更有利时，就可以适用法院地法。综上所述，不论是针对非婚同居当事人之间的财产权属、财产管理及分割，还是针对非婚同居者对外处分同居财产及从事其他法律行为，一旦适用法院地法更能维护公平与正义的实体法价值，则应尽可能适用法院地法予以矫正。

三是为了弥补法院地国冲突规范的不周延性，防止涉外非婚同居财产案件找不到合适的准据法，或者指引的准据法无法查明时，基于管辖权直接将适用法院地法作为最后的补充，这本身也属于依“管辖权处理方式”将法院地法作为涉外非婚同居财产案件准据法的重要内容。同时，这也不失为完善涉外非婚同居财产关系准据法选择机制的一个必要举措。但是，这种适用法院地法的情况，应以适用最密切联系原则仍无法确定准据法为必要，否则极易导致法院地法的滥用。

三、适用法院地法在涉外非婚同居财产案件中的限制

尽管在涉外非婚同居财产案件中确有适用法院地法之必要，但无论是从国际私法的发展历程还是从“国际社会本位理念”角度，法院地法的适用都不应该无限制地扩大化。因此，在涉外非婚同居财产关系准据法选择机制中，为充分发挥法院地法维护公平与正义法价值的功能，有必要对法院地法的适用予以合理限制。

（一）外国法无法查明时适用法院地法的限制

当外国法无法查明时适用法院地法一直以来被很多国家所采

用。如《波兰国际私法》第7条之规定、《蒙古国民法典》第541条第4款之规定、《奥地利共和国关于国际私法的联邦法》第4条第2款之规定等等。但晚近以来，一些国家已经意识到直接适用法院地国法并不太合理，有必要对这种情况下适用法院地法进行限制。如1995年《意大利国际私法制度改革法案》的第14条："……法官仍无法查明指定的外国法，他应根据就同一问题能提供的其他连接点而确定应适用的法律，如果没有其他连接点，（才）适用意大利法。"[1]应该说，意大利国际私法的这种做法反映了将法院地法视为法律适用的最后补充的价值，符合了准据法选择机制发展的趋势。因此，笔者认为，在涉外非婚同居财产关系准据法选择机制中，对外国法无法查明时代之以适用法院地法也应进行合理的限制，即外国法无法查明时只有当通过其他连接点仍无法确定准据法时才可最后适用法院地法。

（二）公共秩序保留排除外国法后适用法院地法的限制

当外国法被公共秩序保留予以排除以后，很多国家采取直接用法院地国法取代该外国法的做法，如《奥地利共和国关于国际私法的联邦法》的第6条之规定。这种做法确实简单易行，也满足了扩大本国法适用范围的实际需求。但从国际私法的"国际社会本位理念"出发，这种适用法院地国法的做法也应当予以必要限制。因此，在涉外非婚同居财产关系案件中，为了维护准据法选择机制不被轻易破坏，当法院地国基于公共秩序保留排除外国法的适用后，不宜一概适用法院地法，也应该通过其他连接点或者最密切连联系原则选择最适当的法律作为准据法，只有通过上述途径仍然无

---

[1] 见1995年《意大利国际私法制度改革法案》[DB/OL]. 国际法学研究网，http://www.cuplfil.com/ziliao_detail.asp? infoid=104.2012-09-17.

法确定准据法时，才最后适用法院地国法。

（三）基于判决承认与执行的效果对适用法院地法的限制

判决的承认与执行，作为涉外非婚同居财产案件最终解决的一个重要环节，应该始终作为指导涉外非婚同居财产纠纷处理的一个重要标准。在基于各种理由适用法院地国法时，如果法院地国法的适用有可能导致案件的判决在相关外国得不到承认和执行，那么这样的准据法选择方式无疑是失败的。所以，当涉外非婚同居财产案件要适用法院地法的时候，我们有必要从判决的承认与执行的角度进行必要的考察与限制。一旦这种适用会造成案件判决无法得到相关外国承认和执行，那么就不应该适用法院地国法，否则，这种准据法选择机制就是不科学的，这种国际民事案件的解决思路就是片面的。

（四）基于保护弱者利益原则等实体法价值对适用法院地法的限制

承前所述，保护弱者利益原则、法益优先保护等实体法价值在准据法选择机制中可能需要舍弃外国法而适用法院地法，这是因为此时法院地法的适用更有利于实现实体法的价值和提升纠纷解决的效果。与此相对应，如果适用法院地法不利于保护弱势地位一方当事人的合法权益，或者不利于对优先法益（如善意第三人利益）的保护以及其他有损国际私法公平与正义的法价值时，这种对法院地国法的适用理当受到限制。具体到涉外非婚同居财产案件的准据法选择，在依“管辖权处理方式”适用法院地法时，也应该综合考察这种准据法选择方式是否不利于对非婚同居关系中弱势地位一方利益的保护，是否不利于对善意第三人等须优先保护的法益的保护，以及是否有损于整个法律公平与正义价值的实现等而作出对适用法院地法的限制。

总之，依“管辖权处理方式”确定涉外非婚同居财产案件准据法的方式，使得涉外非婚同居财产案件准据法与管辖权最终归于同一，充分反映了管辖权对案件准据法的直接决定意义。因此，我们既要认识到该准据法选择方式本身的必要性与合理性，但同时又需要通过制度尽可能将其限制在一个合理范围，以维护国际私法之公平与正义的法价值，同时也不至于背离当代国际私法所追求的判决一致性与案件公正性兼顾的目标。

第四章　依“冲突法处理方式”确定涉外非婚同居财产关系准据法

涉外非婚同居财产关系作为一种具有一定人身属性的新型涉外财产关系，对该领域财产关系的调整，统一实体法的途径在一个相当长的时期内几乎都不可能。[1]因此，国际私法目前主要只能通过准据法选择的间接手段，通过确定准据法来最终解决涉外非婚同居当事人之间的财产纠纷。本书在前一章中主要论及了依“管辖权处理方式”确定涉外非婚同居财产案件准据法的途径。应该说，对于涉外非婚同居财产纠纷而言，这种将法院地法作为准据法予以适用不是也不应该是涉外民事案件法律适用的主要方面。很显然，通过冲突规范指引择定涉外民事案件的准据法是目前各国解决涉外民事法律冲突的最主要的途径。因此，在涉外非婚同居财产

---

[1] 笔者认为，随着社会经济的发展，随着人类对婚姻家庭生活观念的改变，非婚同居实际上将会成为与婚姻并驾齐驱的一种新型家庭组织形式。所以，在这种带有人身性质的新型家庭法律制度方面，不同民族和国家的历史传统、风俗习惯、伦理道德观念等方面由于存在较之于传统婚姻家庭更大的难以调和的差异，统一实体法的途径更是难上加难。

案件中，依“冲突法处理方式”确定准据法也理当是涉外非婚同居财产关系准据法选择机制的核心内容。

在涉外非婚同居财产案件的管辖权得以确定之后，除了适用法院地法之外，如何在众多相关法律体系中选择最终适用的法律，即科学合理地通过冲突规范选择案件的准据法，这是一个系统工程。在整个依“冲突法处理方式”确定涉外非婚同居财产关系准据法的准据法选择机制当中，笔者认为有这么几个重要步骤。一是冲突规范中连接点的科学确定。因为，只有确定了恰当的连接点，整个冲突规范才能合理地合乎国际私法价值地完成指引和确定准据法的使命。因此，如何科学合理地凝练冲突规范中的连接点是构建“冲突法处理方式”确定准据法选择机制的一个重要环节。二是充分借鉴相关领域“冲突法处理方式”确定准据法的经验和做法。在建构涉外非婚同居财产关系“冲突法处理方式”确定准据法这一选择机制时，由于涉外非婚同居财产关系是一种复杂的新型涉外财产关系，所以既要立足于涉外非婚同居财产纠纷本身的特征，又必须充分借鉴诸如涉外婚姻财产关系、涉外合同关系等相关领域财产关系的准据法选择经验。三是在完成前两个步骤之后，需要系统地探究涉外非婚同居财产关系准据法的确定方法。

第一节　涉外非婚同居财产关系冲突规范连接点的确定

一、连接点的概念与特征

(一)连接点的概念

所谓连接点（point of contact），又称之为连接因素（connecting factor）或连接根据（connecting ground），它是国际私法特有的概念，连接点是冲突规范中用来确定涉外民事关系最终应适用哪国实体法的根据。[1]连接点在冲突规范中主要起着一种桥梁和媒介作用，因而它是冲突规范的核心。正是连接点，它将冲突规范中要调整的涉外民事关系（范围）与最终要适用的某一特定国家的实体法（准据法）联系起来，它是国际私法间接调整涉外民事关系机制中的核心要素。具体到涉外非婚同居财产关系的法律适用中，连接点就是将国际私法要调整的涉外非婚同居财产关系与案件最终要适用的相关国家的实体法联系起来的桥梁。通过这一桥梁的连接作用，完成准据法选择的任务，找到用来最终解决涉外非婚同居当事人双方权利义务纠纷的实体法。

冲突规范调整涉外民事关系的机制中，连接点具有以下几个功能：一是从形式上看，连接点是将冲突规范中"范围"所指的法律关系与一定地域的法律联系起来的媒介或纽带。因此，每一条冲突规范都必有一个以上的连接点。如果没有连接点，冲突规范也就不成其为冲突规范；没有连接点，冲突规范就无法将一定的法律关系与应适用的法律连接起来从而完成指引准据法解决涉外民事关系争议的使命。二是从实质上看，连接点反映了一定法律关系与相关地域的法律之间的内在实质联系。这种内在实质联系是长期以来众多国际私法学者孜孜以求的研究对象。[2]实质上，连接点它表明某一法律关系为何要受特定国家法律的约束，为何要受特定主

---

[1] 韩德培. 国际私法[M]. 北京：高等教育出版社、北京大学出版社，2007：97.

[2] 如萨维尼法律关系本座理论、里斯最密切联系理论等都是研究这种内在实质联系所提出的理论。

权者的立法管辖，一旦违反这种约束或管辖，该法律关系就不能成立。[1]三是连接点决定了冲突规范调整涉外民事关系的间接性从而为冲突规范对特定种类的涉外民事关系的法律适用提供了开放灵活的法律选择功能。这种开放灵活的法律选择功能一方面源于连接点自身的高度概括性，同时冲突规范中多连接点的引入更增强了这种法律选择的开放性与灵活性。

（二）连接点的特征

1. 连接点是一种客观标志

既然连接点作为冲突规范当中能够将特定的法律关系与一定地域的实体法连接起来的桥梁，那么，要确实发挥其指引准据法的功能，连接点必须具有客观性。并且这种客观性必须表现为一种实实在在的能够为人类所认知、辨认和便于确认的客观标志。因此，实践中被选为连接点使用的以客观标志居多。常用的如国籍、住所地、居所地、法院地、行为地、财产所在地等等，都是非常客观的标志。当然，随着国际私法理论与实践的发展，也出现了一些主观的连接点，并且有一些主观连接点还发展成为非常重要的连接点，如当事人双方合意、最密切联系地等等。这些连接点一方面反映了人本主义下对人自身的尊重，另一方面也反映了连接点理论与实践发展的不断成熟和完善。但是，我们也要看到，尽管这些连接点表面上是主观的，其实质上也必须能够为司法者所认知、辨认和确认。比如，双方当事人的合意看似是一主观连接点，但是，这种原本存在于当事人双方脑子里的“合意”一般只有

---

[1] 李双元等. 中国国际私法通论（第二版）[M]. 北京：法律出版社，2003：108－109.

通过一定的客观证据才能为法官所认可。❶至于最密切联系地，虽然不同的人也许会有不同的主观理解，但其本质上还是客观的和可认知的。

2. **连接点不能任意选择**

涉外民事关系与一定地域的法律之间有着内在的实质的联系，这一点是不可否认的。这种内在实质的联系完全依赖于冲突规范中的连接点来搭建。如果没有合适的连接点作为桥梁，这时的冲突规范所指示的法律就不是根据内在实质联系所应当适用的法律。从这个意义上说，每一个冲突规范当中连接点的选择，对于冲突规范任务的实现都非常重要，因此，连接点不是任意选择的。同时，连接点的选择不是一蹴而就、随便形成的。从国际私法发展的历史实践，我们不难发现，每一条冲突规范当中的连接点，都是经历了众多理论和长期实践的反复积淀，经历了不同社会阶段、不同国家文化、不同法律传统的影响和磨合而逐渐为世界各国所接受和采用的。因此，从这个意义上说，每一个冲突规范当中连接点的选择都不是任意的，而是伴随着社会发展的客观规律和国际私法理论与实践的发展与完善客观形成的。比如，“当事人合意”这一连接点，就是在资本主义经济迅速发展、国际经济贸易日益频繁的社会大背景下，经历了法国杜摩兰、德国萨维尼、意大利孟西尼、美国斯托里等一大批国际私法学者的研究和众多国际经贸合同

---

❶ 注：从各国的实践看，有土耳其、秘鲁、尼日利亚以及我国等国家只承认明示(书面)的合意；其他承认默示合意的国家(如英、法、德、奥、瑞士等)和国际条约(如1986年《国际货物销售合同公约》、1978年海牙《代理法律适用公约》等)一般也要求具有能够从客观上推断出双方合意存在的证据。参见韩德培. 国际私法[M]. 北京：高等教育出版社、北京大学出版社，2007：203.

当事人的反复实践，才最终为世界各国国际私法所承认和采用，[1]成为当今世界各国合同关系法律适用的冲突规范中的首要连接点。

3.连接点并非唯一

承前所述，连接点是连通涉外民事关系和一定地域的法律之间的桥梁，并且连接点必须反映上述两者之间的内在实质联系。那么，每一个特定的冲突规范当中的连接点是不是唯一的呢？答案是否定的。也就是说，一个冲突规范并不意味着只能有一个连接点。正如有学者所说的，规范某种涉外民事法律关系中当事人行为的法律，特定情况下可以是两个或两个以上的连接点所指示适用的两个或两个以上国家的法律。[2]究其原因，就是因为，一方面，在很多涉外民事关系当中，由于涉外民事关系本身的复杂性，使得与这些特定的涉外民事关系有内在实质联系的国家不止一个，从而调整这一类涉外民事关系的冲突规范就不可避免地需要多个连接点才能完整地指示出与该涉外民事关系有内在实质联系的法律。另一方面，如果一个冲突规范只有一个连接点，这种僵硬的冲突规范立法方法，或许会导致某些特定案件找不到可适用准据法的情况。因此，从这个意义上说，连接点也不能是唯一的。

（三）连接点的发展趋势

随着社会经济的纵深发展，国际民事交往日益频繁和多样化，相应地，涉外民事关系也越来越复杂。国际私法理论在实践的推动下也有了长足的发展。其中，作为冲突规范重要构成部分的连

---

[1] 韩德培.国际私法[M].北京：高等教育出版社、北京大学出版社，2007：99－100.

[2] 屈广清.国际私法[M].厦门：厦门大学出版社，2009：238.

接点也出现了一些新的发展趋势以应对实践的需求。

1. **连接点发展的软化趋势**

传统冲突规范具有高度概括性，对于某一类法律关系（如侵权行为）往往只规定了唯一的连接点。随着国际经济与社会的发展，涉外民事法律关系变得越来越复杂，类型也越来越多。❶在这种情势下，如果仍然仅给一类涉外民事关系确定一个硬性的连接点，那是极不合理的，并且也无法满足司法实践的需要，无法保证判决的合理性。因此，自17世纪以来，伴随着国际私法理论的日渐成熟，连接点就开始出现软化的趋势。尤其是“二战”以后，国际上出现了对连接点“软化处理”的热潮。对连接点进行软化，从最初极具灵活性的合同领域开始，然后延伸到了侵权行为、婚姻家庭等领域。卡恩·弗罗因德因此将其称为“当代国际私法发展的一个主要特征”❷。连接点的软化趋势最有代表性的立法成就要数美国《冲突法重述（第二次）》。报告员里斯将“最密切联系原则”当作《冲突法重述（第二次）》的主要理论基础。❸正如兰多所评论的，《冲突法重述（第二次）》与《冲突法重述（第一次）》最大的不同就是“所有严格和硬性的法则，大多已被弹性的

---

❶ 如侵权行为之债除了一般的情形之外，还涉及交通事故损害赔偿、环境污染损害赔偿、产品责任、不正当竞争、国际欺诈与诽谤等等。参见韩德培. 国际私法[M]. 北京：高等教育出版社、北京大学出版社，2007：102.

❷ See Kahn – Freund. General Problem of Private International Law [C]. Recueil des cours, 1980：260.

❸ Lagarde Voir Paul. Le Principe de Proximite Dans International Prive Contemporain [C]. Recueil des cours, 1986：196.

法则所取代”❶。当然，对连接点的软化处理，并没有否定和抛弃通过数百年实践发展起来的传统连接点，这种软化充其量只是对传统连接点的扬弃，使其更具合理性和灵活性而已。毕竟，当代冲突规范的理论与实践是无法完全脱离传统连接点的。

2. 连接点设置的复数化、层级化趋势

传统冲突规范中，连接点的数量十分有限，一般情况下，一个冲突规范只有一个连接点。这种单一连接点虽然有技术适用上的简便优势，但由于涉外民事关系日益复杂，纠纷类型越来越多，以及实体正义的需求，单一连接点显然已经无法满足现实的需要。因此，冲突规范中连接点的设置出现了复数化的趋势。具体表现上，一个是基于实践的需要，国际私法中出现了大量的重叠性冲突规范和选择性冲突规范。重叠性冲突规范一般是在实现法律选择的同时，基于国际私法某些领域，或基于一国某些政策或利益的实体价值，将多个连接点规定在一个冲突规范中，各连接点所指引的法律同时对某一涉外民事法律关系有约束的情况。❷如我国《民法通则》第146条对侵权行为的法律适用就是采用重叠适用的冲突规范。选择性冲突规范在晚近以来的国际私法立法中更是大量涌现。该类冲突规范就是通过在冲突规范中增加连接点的数量，从而增强法律选择的灵活性、开放性。尤其是在涉及对弱势地位一方当事人保护的领域、涉及既得权保护和国际民商秩序稳定等领域。前者如我国《涉外民事关系法律适用法》

---

❶ Lando. the Sunstantive Rules in the Conflict of Laws: Comparative Comments from the Law of Contracts[J]. *Texas International Law Journal*, 1976: 51.

❷ 黄进. 国际私法[M]. 北京:法律出版社,1999:235.

第29条："扶养，适用一方当事人经常居所地法律、国籍国法律或者主要财产所在地法律中有利于保护被扶养人权益的法律。"后者如我国《涉外民事关系法律适用法》第22条，"结婚手续，符合婚姻缔结地法律、一方当事人经常居所地法律或者国籍国法律的，均为有效"；1989年《瑞士关于国际私法的联邦法》的第44条，"婚姻的实质要件适用瑞士法律。婚姻虽不具备瑞士法律规定的条件，但只要其中一方当事人的住所地国家的法律或本国法律认为有效的，瑞士承认其效力"。另一方面，冲突规范中连接点设置复数化的同时，还出现了连接点层级化的趋势。[1]晚近的国际私法立法，一方面看到了单一连接点的弊端，从而通过增加连接点的数量增强准据法选择的灵活性、开放性；另一方面，各国的立法实践考虑到涉外民事关系与一定地域法律间内在实质联系的紧密程度以及法官适用冲突规范的技术操作性，纷纷在复数连接点的冲突规范中规定了连接点之间的层级和顺序。如1989年《瑞士关于国际私法的联邦法》第54条、1979年《匈牙利国际私法》第39条、我国《涉外民事关系法律适用法》第24条的规定

---

[1] 本处的"层级化"是指在多连接点的冲突规范中，越来越多的冲突规范都规定了连接点适用的层级、顺序条件。

就存在典型的层级化特征。❶

3. 连接点含义的多样化趋势

随着国际民事交往的频繁和日益复杂，对连接点赋予简单严格的特定含义已经无法满足实践的需要，对连接点进行高度概括的定义也变得越来越难。❷比如，“侵权行为地”这一连接点，就因为侵权行为的日益多样和复杂，目前几乎所有国家在利用“侵权行为地”这一连接点指引准据法选择时都赋予其非常广泛的含义。再比如，英国国际私法中连接点的含义十分广泛，经常需要对其含义进行解释。❸“住所”作为英国传统普通法中的连接点与作为其1984年的《遗产税法》（第267条）中的连接点以及英国参加的

---

❶ 1989年《瑞士关于国际私法的联邦法》的第54条:“如果配偶双方没有有效选择所适用的法律的,婚姻财产适用:(一)配偶共同住所地国家的法律;(二)他们最后共同住所地国家的法律。如果配偶双方在同一时期、同一国家没有共同住所的,婚姻财产适用他们的共同本国法律。如果配偶双方在同一时期、同一国家没有共同住所,婚前又没有共同国籍的,则适用瑞士法律。”1979年《匈牙利国际私法》第39条:“夫妻身份和财产关系包括夫妻使用的名字、赡养和夫妻财产制,适用起诉时夫妻共同的属人法;如果在起诉时的夫妻属人法不同,使用最后的共同属人法;若没有最后的共同属人法,则适用夫妻最后的共同住所地法;如果夫妻没有共同住所,适用法院地或其他机构地法。”我国《涉外民事关系法律适用法》第24条:“夫妻财产关系,当事人可以协议选择适用一方当事人经常居所地法律、国籍国法律或者主要财产所在地法律。当事人没有选择的,适用共同经常居所地法律;没有共同经常居所地的,适用共同国籍国法律。”

❷ 其实早在美国编纂《冲突法重述(第一次)》中,就有学者反对给“住所”下一概括定义。参见韩德培. 国际私法[M]. 北京:高等教育出版社、北京大学出版社,2007:105.

❸ “English law must not only select the connecting factor, it must also say what it means.” See J. G. Collier. *Conflict of Laws* [M](Third Edition), Cambridge University Press,2001:20.

1968年的《布鲁塞尔公约》中的连接点的含义都是不同的。如此一来，英国法院在处理需要适用“住所”这一连接点的案件时，往往要结合具体案情适用不同的法律标准对“住所”的含义进行判断。❶因此，国际私法理论与实践表明，根据不同的场合和情形、结合不同的需要和目的，赋予传统连接点不同的含义，对于国际私法调整日益复杂的涉外民事关系任务的实现是必需的。

4. 连接点选择的实体化趋势

传统国际私法长期坚持冲突法正义，以期尽量构建较强的明确性与可预测性的冲突法体系。然而，传统国际私法这种以冲突规范的技术性为首要目标、忽视涉外民事法律关系当事人实体上的权利和义务的特点，由于与法律的公平正义价值理念、与司法判决的公正性需求不完全吻合，因而日益遭受到理论与实践界的质疑。因此，人们越来越认识到，实体法正义与冲突法正义是国际私法正义价值的两个方面。脱离冲突法正义，实体法正义也无法实现；同时，脱离了实体法正义的单纯的冲突法正义则根本不是正义。❷当代国际私法的这一实体价值取向，自然也影响到连接点的选择上，尤其是在一些特殊的涉外民事关系领域。比如，在针对存在弱势地位一方的涉外民事关系进行国际私法立法时，鉴于国际私法实体价值的需要，为了对处于弱势地位的一方当事人进行特别保护，冲突法的立法者就会有意地将一些对弱者有利而对强者“歧视”的连接点选择进来，就反映了在连接点问题上实体化的趋势。

---

❶ See Ruth Hayward. *Conflict of Laws*[M](Forth Edition), Cavendish, 2006:50-51.

❷ 秦瑞亭. 冲突法的理论与实务[M]. 北京:对外经济贸易大学出版社,2007:90-94.

一些重要的国际私法立法如1989年《瑞士关于国际私法的联邦法》和1980年的《合同义务法律适用公约》（罗马公约）就反映了这种发展趋势。❶

二、影响涉外非婚同居财产关系冲突规范连接点择定的因素

涉外非婚同居财产关系作为一种新型的涉外民事关系，其冲突规范的设计、连接点的择定离不开国际私法学者的探索和创新。在探索和创新涉外非婚同居财产关系的连接点时，笔者认为，既离不开对连接点在国际私法中的作用的考量，也离不开对连接点的共同特征和发展趋势的把握，更离不开对这一特定涉外民事关系自身特殊性的充分结合。因此，笔者拟从以下两个方面分析影响涉外非婚同居财产关系连接点择定的因素。

（一）连接点择定之共同因素

1. 内在实质联系是择定连接点的根本因素

连接点是联系特定涉外民事关系与一定地域法律之间的纽带，这也是冲突法得以解决涉外民事案件法律适用问题的核心所在。

---

❶ 1989年《瑞士关于国际私法的联邦法》第120条规定，消费者合同如果具备下列条件之一，则不允许当事人进行法律选择，直接适用消费者惯常居所地国法律作为准据法……其中，不允许当事人选择而直接采用消费者惯常居所地这一连接因素就是这种情况；1980年的《合同义务法律适用公约》第5条、第6条也有类似规定。转引自秦瑞亭．冲突法的理论与实务［M］．北京：对外经济贸易大学出版社，2007：93－94。车英也提到了实体政策对连接因素择定的影响，参见车英．论国际私法连接点的分类、选择与发展［J］．武汉大学学报，2001（1）．

冲突规范要解决的问题无非是某一特定涉外民事关系究竟与哪一法域的法律有较重要的联系，[1]而这一任务的核心就是要通过选择合适的连接点来指引。为了确保冲突法的这种机制能够顺利运转，就必然要保障冲突规范中的连接点能够且必须反映特定涉外民事关系与一定地域法律之间的内在实质联系。因此，在选择冲突规范的连接点过程中，牢牢把握这一内在实质联系是根本。

具体说来，在涉外非婚同居财产关系冲突规范连接点的选择上，我们需要考察的主要是，通过择定的连接点所指引的一定法域的法律是否与涉外非婚同居当事人、争诉的案件或者争议财产等具有内在实质的联系。如果事实证明没有内在实质的联系，那就说明该连接点不能作为涉外非婚同居财产关系的连接点。另一方面，如果客观上存在两个以上连接点指引的法律都与涉外非婚同居当事人、争诉的案件或者争议财产等具有内在实质的联系，那么，立法者就还需要考察这些内在实质联系的紧密程度，是对其进行取舍还是设计各连接点之间的层级和顺序。

2. 客观性与稳定性是择定连接点的技术因素

涉外民事案件的处理，需要法官通过连接点的指引找到一定地域的法律，进而解决当事人实体上的权利义务纠纷。所以在司法实践中，这就要求连接点不仅要反映涉外非婚同居财产关系与准据法之间的内在实质联系，还要求连接点必须具有相对的稳定性和客观性，能够为法官所认知和辨认，能够便于法官用其指引准据法。因此，涉外非婚同居财产关系的连接点的选择，也应该尽量借鉴和选择那些客观且不易为非婚同居当事人所随意改变的标志作为连接

---

[1] 韩德培. 国际私法[M]. 北京:高等教育出版社、北京大学出版社, 2007:99.

点，如非婚同居当事人的国籍、住所（惯常居所）、不动产所在地等等。同时，随着国际私法冲突规范不断软化、灵活而出现的那些弹性连接点，如最密切联系地、当事人双方合意选择等，基于国际私法实践的需要，也有必要考虑对其进行合理的限制或者尽量使之客观化。❶

3.国际社会的协调与认可是择定连接点的实践因素

当今世界各国由于政治、经济、历史、文化等方面的诸多不同，各国的民事法律制度、法律概念、法律术语等存在较大的差异。国际私法本来就是用来调整涉外民事关系、解决涉外民事案件的法律。因此，如何协调世界各国法律上的差异也是影响连接点选择的重要因素。以“惯常居所”这一连接点为例，其最初就是为了协调英美法中的“住所”与大陆法中的“国籍”标准的冲突，由海牙国际私法会议提出和使用，并经过国际社会反复实践，至今成为被世界各国广泛采用的连接点。在涉外非婚同居财产关系连接点的选择上，我们既要尊重和借鉴传统连接点的合理性，因为他们毕竟是数百年来国际社会协调与认可的产物；同时我们也要高度重视各国在非婚同居立法上、观念上的重大差异，在连接点的选择上要尽可能兼顾这些立法上和观念上的差异，创新出能够为国际社会所认可的连接点。

（二）连接点择定之特殊因素

涉外非婚同居财产关系连接点的选择，除了要充分考虑上述共同因素之外，还有必要注意以下几个影响涉外非婚同居财产关系连接点选择的特殊因素。

---

❶ 如合同领域的最密切联系原则与特征性履行规则的限制。

1. 涉外非婚同居财产关系的新型财产关系特征

在创新涉外非婚同居财产关系冲突规范时，如何选择连接点至关重要。如果无视这一新型涉外民事关系的特殊性，而一味地援用涉外婚姻关系或者普通涉外财产关系冲突规范的做法，照搬他们的连接点，自然不合理，也无法满足国际私法调整该新型涉外民事关系的实际需要。

涉外非婚同居，是人类社会进入20世纪尤其是“二战”以后，在经济全球化和世界一体化进程加快，各国国民跨国流动的障碍日益减少的背景下开始出现的。始于西方国家的人权、自由等理念主导下的“去婚姻化”“家庭革命”运动的开展，使得家庭这一概念经历了由传统模式向功能主义模式变迁，从而使得非婚同居在一些国家几乎成了与婚姻家庭并驾齐驱的新型家庭模式。而涉外非婚同居就是在这种家庭观念变迁、道德伦理内容改变的情况下出现的。所以，作为与非婚同居当事人对自由生活方式的追求相伴相生的一种新型涉外财产关系，涉外非婚同居财产关系连接点的选择有必要综合考虑这一社会背景和背后所反映的价值追求。

一方面，我们有必要考虑这一新型涉外财产关系的“身份”属性，[1]考虑非婚同居与传统婚姻家庭具有的相似功能。因而在某种程度上，涉外非婚同居财产关系与涉外婚姻财产关系具有一定的相似性。那么反映在连接点的选择上，势必不可能完全抛弃涉外婚姻财产关系的传统连接点。但是，目前世界各国又都没有明确非婚同居双方当事人具有传统亲属法上的配偶身份关系。所以，涉

[1] 有学者将这种关系称为契约身份论下的身份关系，所以同居契约产生了同居者身份，同居者身份又产生了相互之间的财产权益关系。参见何群. 涉外身份关系法律适用研究[J]. 国际关系学院学报，2004(3).

外非婚同居财产关系较之于涉外婚姻财产关系又有根本的不同，是故不可能完全照搬涉外婚姻财产关系的冲突规范，而有必要创新出更加合适的连接点。另一方面，涉外非婚同居彰显了同居当事人对家庭生活自由的追求。这种追求是对传统婚姻关系约束的全面冲破，因而就同居当事人的本意而言，是希望他们的同居包括财产关系尽量不受传统法律的约束。因此，从这个意义上说，如果要顺应和不干预这种自由，在涉外非婚同居财产关系的法律适用上，也得予以配套体现。而连接点的选择就是承载这一价值的最大载体。所以，像非婚同居当事人的合意选择（包括选择管辖法院、选择准据法），就应该成为最重要的连接点。

2. 同居当事人中的弱者一方更需特别保护

承前所述，在涉外非婚同居关系当中，由于不像涉外婚姻关系那样存在婚姻关系成立的公示行为（登记或宗教仪式），因而不能获得相关婚姻法律法规的保护；同时由于没有婚姻法的认可，完全建立在自由契约下的同居关系中的当事人很难取得真正平等的地位。事实上，由于存在于非婚同居男女之间的经济实力、工作经验、管理沟通模式和婚姻家庭领域的地位[1]等方面的重大差异，对非婚同居模式本身的选择，由同居双方当事人中较强势一方单方面决定较之于真正通过双方平等合意选择的情况要多一些；[2]再加上涉外因素，使弱势地位的同居一方对将来的法律适用更是处于一种

---

[1] 原文词组为：Economic capacity, Business experience, Patterns of negotiation management, Status in the Marriage Market。

[2] “In many cases, the choice not to marry reflects a unilateral decision made by the powerful partner rather than a joint decision made by bath partners.” See Shahar Lifshitz. A Liberal Analysis of Western Cohabitation Law, Bar – Ilan University Public Law and Legal Theory's Working Paper, 2009: 7 – 9.

茫然的境地。如此一来，对于那些在实际上处于弱势地位的一方，如果没有倾斜的保护，必然会造成实质的不公平。也许有人认为，对于弱势地位一方同居者而言，这些本来就是其选择非婚同居的成本之一，因为其完全可以放弃这种“家庭”生活方式而选择组建婚姻家庭。但笔者认为，选择更加自由的非婚同居生活方式，与获得法律的保护之间并不矛盾（因为当今社会绝大部分国家都未将非婚同居列入法律所禁止的行为）。相反，通过合理的法律手段保护非婚同居关系下弱者的利益，既顺应了当代社会发展的现实潮流，又反映了法律公平正义的终极价值。

尽管承认非婚同居的一些国家，已经将非婚同居当事人之间的财产关系纳入法律调整的范畴，并且有部分国家在其国内法中对处于弱势地位的同居者一方也进行了倾斜性保护，[1]但这并不足以对涉外非婚同居财产关系中的弱势地位一方形成保护。因为，涉外非婚同居财产关系的法律适用与纯国内非婚同居中财产关系的法律调整具有明显的不同。显然，涉外非婚同居财产关系的法律适用

---

[1] 如瑞典法律规定尽管非婚同居关系破裂时一方无权要求对方支付扶养费，但是考虑到参与就业的性别差异，法院往往会适用保护弱者的原则。See Hans Ytterberg. A Swedish Story of Love and Legislation [A]. in R. Winter Mute & M. Andenaes (ed.). *Legal Recognition of Same – Sex Partnership* [*M*]. Oxford: Hart, 2001:432. 美国华盛顿州为了保护同居关系中的弱者，只要同居双方不存在排除协议，法院就会以合理的方式公平分割假定婚姻关系存在下的应被认定为夫妻共同财产的当事人个人财产。法国2000年生效的《民事伴侣契约（PACS）与同居》法令也规定，除非有约定，同居关系存续期间取得的财产以及取得日无法确定的财产一概视为同居者双方共有，此外，将原本只针对夫妻才有的社会福利、转移房屋承租权也赋予非婚同居者。参见张伟. 论我国非婚同居关系中弱者的保护[D]. 南昌大学，2011.

核心在于通过连接点这一媒介，在相关法域中择定最终适用的法。因此，要对涉外非婚同居财产关系中的弱势一方同居者实现倾斜性保护，连接点的选择和设计具有关键性作用。因此，我们从上述分析得知，涉外非婚同居财产关系中极易出现弱势地位一方，而对涉外非婚同居当事人弱势一方的特别保护是国际私法公平正义的终极价值的必然要求。这一要求的具体化就是如何将其落实到连接点的选择中，如何通过连接点来凸显国际私法的实体价值。

三、涉外非婚同居财产关系冲突规范连接点的种类

在探讨了连接点的概念、特征、发展趋势以及影响涉外非婚同居财产关系连接点选择的诸多要素之后，本节着重结合前面两节的研究，围绕涉外非婚同居财产关系连接点的种类进一步探讨和创新该类新型涉外民事关系冲突规范中的连接点选择制度。总的来说，笔者认为，涉外非婚同居财产关系连接点的选择应该遵循灵活但不失客观、采取复数但不失层级、坚持冲突法正义但不失实体价值的方针，结合涉外非婚同居财产关系的特殊性科学合理地构建其连接点体系。

（一）当事人双方之合意

近代以来，国际私法中将当事人的合意选择当作指引准据法连接点的涉外民事关系领域越来越多，已经从传统的合同法律适用领

域拓展到侵权行为、婚姻家庭等领域。[1]所谓“当事人双方之合意”选择，是指在特定涉外民事关系的冲突规范中，用来构建“范围”与一定法域的法律之间内在实质联系的桥梁的一种，即把当事人双方意思自治选择的法律视为与该涉外民事关系有内在实质联系的法律。

1. “当事人双方之合意”连接点的合理性

自从16世纪法国杜摩兰提出意思自治选择法律以来，通过当事人自己合意选择应适用的法律就获得了强大的生命力。发展到今天，当事人合意选择准据法已经成为国际私法实践中最重要的法律选择方法之一。因此，当事人双方之合意也就成了非常重要的连接点，被众多领域的冲突规范所采用。究其原因，是因为意思自治具有广泛的合理性基础。“依传统理论，个人是自己利益的最佳维护者，契约既然依当事人自由意思之合致而订立，其内容之妥当性亦可因此而受到保障。”[2]因此，“当事人双方之合意”选择法律是社会成员在私法领域依自己的理性判断和管理自己的事务在国际私法上的反映。[3]同时，这种依当事人合意选择来决定应适

---

[1] 如1989年生效的《瑞士关于国际私法的联邦法》除了合同领域外，第53条的夫妻财产关系、65c条的同性伴侣关系、104条的物权、110条的知识产权侵权、128条的不当得利、132条的侵权责任、135条的产品责任、138条的不动产排放物侵权、139条的人格权侵权等领域都规定了当事人合意选择准据法；我国2010年《涉外民事关系法律适用法》中除了合同领域之外，也有第24条的夫妻财产关系、26条的协议离婚、37条和38条的动产物权、44条的侵权责任、47条的不当得利、无因管理等领域允许当事人通过合意选择准据法。

[2] 王泽鉴. 债权法[M]. 北京：中国政法大学出版社，2001：69－70.

[3] 金彭年，王健芳. 国际私法上意思自治原则的法哲学分析[J]. 法制与社会发展，2003(1).

用的准据法也反映了梅因爵士在《古代法》中的伟大论断，也是法律适用领域“从身份到契约”转换的实现。德国学者康德说过：“人最适合于服从他给自己规定的法律——或者是给他单独规定的，或者是给他与别人共同规定的法律。”❶正是这种人格独立、自由、权利的理念奠定了意思自治、私法自治原则的法理基础，奠定了这一原则在整个私法领域不可动摇的地位，而且其适用的领域还必将得到进一步的拓展和延伸。

在涉外非婚同居财产关系的冲突规范当中，“当事人双方之合意”这一连接点也具有理论与实践上的正当性。这是因为，第一，契约观念已经融入人类生活的方方面面。它“早已不仅仅意味着交易手段，其已成为人类的生活方式，主宰了人们的思维模式。其作为一种信念，一种文化传统，成为现实生活中的一种实在力量”❷。因此，当事人双方之合意选择准据法作为契约自由原则向国际私法准据法选择领域的自然延伸，必然要为当代国际私法所确认。就冲突法应该调整的涉外非婚同居财产关系而言，意思自治同样应该获得它的一席之地。第二，从人类社会不断追求人之自由的发展趋势看，越来越多的国家开始承认非婚同居并赋予非

❶ 〔德〕康德．法的形而上学原理［M］．沈叔平译，北京：商务印书馆，1991：26.

❷ 单飞跃．经济法理念与范畴的解析［M］．北京：中国检察出版社，2002：26.

婚同居者更多的权利，[1]那么，赋予涉外非婚同居当事人之合意选择准据法的权利，既符合了非婚同居当事人宁愿不婚却选择非婚同居的“家庭”生活方式的初衷，使非婚同居当事人可以进一步摆脱传统身份关系对其追求自由的影响，是国际私法对人类追求比婚姻更加自由的生活方式的回应。同时，也符合了准据法选择的发展规律。第三，将当事人双方之合意作为涉外非婚同居财产关系的连接点，用来指引该类涉外民事关系的准据法，有利于非婚同居当事人有意识地将他们之间的法律关系置于自己熟悉的、能够合理预期的法域调整。这样有利于改善国际私法长期遭人诟病的缺乏预见性、解决争议的繁琐性等弊端。

2.“当事人双方之合意”连接点的具体内涵

首先，在涉外非婚同居财产关系连接点的整体设计上，笔者认为，应该采用开放灵活的、多连接点的方式。在层级设计上，当事人双方之合意应该作为第一连接点。这不仅是尊重涉外非婚同居当事人自由意志保护其合法权益的需要，也符合当今国际私法实践的普遍做法。其次，“当事人双方之合意”这一连接点应当包含：能够向管辖法院提供存在选择协议的书面证明形式，对违背真实意思表示的选择和不利于保护弱者一方的选择以及违背相关国家公共秩序的选择予以排除等含义。

---

[1] 如英国社会福利保障法一定意义上承认了非婚同居的家庭本质，在租赁权的继承方面赋予同居者继承权；美国华盛顿州也赋予了非婚同居者按照假定婚姻存在对同居财产进行分割的权利，参见卓冬青，刘冰．婚姻家庭法[M]．广州：中山大学出版社，2002：178；法国的《民事伴侣契约（PACS）与同居》法令更是将许多原本只有夫妻才享有的社保、福利政策及房屋承租转移权利赋予非婚同居者。

(二)住所(惯常居所)

以住所为连接点的系属公式也是近代以来国际私法最重要的系属公式之一。这一点在英美法系国家表现得颇为突出。这是因为，英美法系国家与大陆法系国家不同，它们将住所地法作为当事人的属人法，用来解决涉及当事人的能力、身份、婚姻、家庭等方面的法律适用问题。同时，随着近代以来社会经济的迅速发展，人的活动范围日益扩大，国际私法理论与实践也非常重视住所表现出的优于国籍的连接点价值而被广泛采用。住所连接点有时表现出比国籍更优越的内在实质联系性。一是在涉外民事关系当中，住所与当事人的实质联系较之于国籍更加密切。因为，涉外民事关系当中有越来越多的当事人可能远离自己的国籍国，这时的国籍除了表明他的政治身份之外，其民事活动等其他方面可能与国籍国几乎没有什么实质性联系。在这种情况下，当事人的住所与其参加的涉外民事关系当然具有了更密切的内在实质联系。二是在多法域国家中，住所作为连接点相对于国籍更能反映出与当事人所参与的涉外民事关系的实质联系，而且这时候国籍根本无法承担起指引准据法这一基本任务。三是一旦涉外民事关系当事人双方的国籍不同时，很多冲突规范所指引的国籍国法就丧失了解决法律冲突的意义。因此，住所作为重要的连接点被世界各国众多领域冲突规范的立法所采纳。以1989年《瑞士关于国际私法的联邦法》为例，包括自然人民事行为能力、姓名、婚姻效力、夫妻财产制、亲子关系、继承、合同、侵权等领域都将住所作为处理相关涉外民事关系法律冲突的连接点。[1]

---

[1] 参见1989年生效的《瑞士关于国际私法的联邦法》，邹国勇译注.外国国际私法立法精选[M].北京：中国政法大学出版社，2011：143－185.

在涉外非婚同居财产关系的冲突规范中，住所这一连接点也具有重要价值。首先，就涉外非婚同居财产关系本身存在的地域来讲，这一涉外民事关系的存在和持续主要是围绕非婚同居双方的共同住所而不一定是国籍国。因此，采用住所这一连接点绝对具有更加密切的内在实质联系。其次，对于英美法系国家而言，涉外非婚同居财产关系如果要适用当事人的属人法，本身指的就是当事人的住所地法。最后，在涉外非婚同居当事人分别具有不同的国籍时，国籍这一连接点所指引的准据法无法适用，因为不论适用哪一方的国籍国法对另一方而言都可能是不平等的。这种情况下，将非婚同居双方的共同住所作为连接点显然更加合理和可行。[1]综上所述，在涉外非婚同居财产关系的连接点中，住所具有重要的价值，应当纳入涉外非婚同居财产关系连接点的体系之中。

（三）国籍

以国籍为连接点的系属公式国籍国法也是近代以来国际私法最重要的系属公式之一。根据法学大辞典的定义，国籍国法又称之为“当事人之本国法”。即涉外民事法律关系当事人国籍所属国家的法律。目前，尤其是大陆法系国家直接将国籍国法视作当事人的属人法，用来解决涉及当事人的能力、身份、婚姻、家庭与继承等领域的法律冲突问题。国籍之所以能作为冲突法中最重要的连接点之一，就是因为在主权国家林立的时代，国籍它是一国国民与该主权国家之间具有重要实质法律联系的最重要标志之一。而且，一般说来，国籍比住所等其他连接点更加稳定、唯一，在国际

---

[1] 2007年的《马其顿共和国关于国际私法的法律》第45条第2款和1999年的《斯洛文尼亚共和国关于国际私法的法律》第41条第2款就是这么规定的。

私法中更容易确认。

在涉外非婚同居财产关系的冲突规范中，国籍这一连接点也具有重要的价值。首先，在国家主权原则下，任何一个主权国家都不会放弃其颁布的法律对本国国民的效力。从这个意义上说，在一些涉及人的身份、能力、婚姻家庭继承等领域的法律适用上，适用国籍国法本身就是一国主权原则的体现。而涉外非婚同居财产关系作为一种与传统家庭功能类似的双方财产关系，同时本身也是以一定的身份关系为基础的。因此，借鉴涉外婚姻财产关系的做法将国籍这一连接点纳入其中并非没有理由。❶其次，在涉外非婚同居当事人之间没有达成合意选择准据法的情况下，既能反映涉外非婚同居财产关系与一定法域的法律之间的内在实质联系，又能够客观、合理、方便地确定准据法的众多连接点中，国籍毫无疑问是一个重要的选择。尤其是当涉外非婚同居财产关系的同居者双方均为同一国籍国民的情况下，适用国籍国法律还有利于一国对其国民充分平等地予以保护。从立法实践看，目前已有国家将国籍作为涉外非婚同居财产关系冲突规范的连接点。❷

(四)最密切联系地

19世纪中期德国萨维尼提出了著名的“法律关系本座说”理

---

❶ 1989年《瑞士关于国际私法的联邦法》第54条第2款在规定涉外夫妻财产关系时采用了国籍这一连接点；在涉外夫妻财产关系冲突规范中采用国籍这一连接点的国家还有很多，如2001年《立陶宛共和国民法典》第1编第28条、2007年《马其顿共和国关于国际私法的法律》第42条、我国《涉外民事关系法律适用法》第24条，等等。

❷ 2007年的《马其顿共和国关于国际私法的法律》第45条第1款和1999年的《斯洛文尼亚共和国关于国际私法的法律》第41条第1款规定：未婚同居者的财产关系，依当事人双方的国籍国法。

论。当时萨维尼通过“法律关系本座”这一概念指出，涉外民事关系与“本座”存在内在实质联系，因而本座所在地法律应该得到适用。然后，20世纪美国学者里斯将其发展成熟为“最密切联系理论”，并成为美国《冲突法重述（第二次）》的理论基础。“最密切联系地”成为当代国际私法最重要的连接点之一，是冲突规范灵活化趋势的一个重要成果。它与意思自治一道，成为当代国际私法冲突规范中连接点软化处理的最重要的标志。从理论上讲，“最密切联系”本身的含义就是“最重要关系”，因而根据这一连接点的指引，寻找到的当然是与涉外民事关系最具内在实质联系、最恰当的法律。可以说，将其纳入所有冲突规范的连接点中都不过分。另一方面，最密切联系地这一连接点本身的灵活性为法官们提供了尽可能大的自由裁量空间，可以弥补其他连接点由于僵硬所造成的漏洞和不足。因此，很多国家在众多的冲突规范中，将最密切联系地直接作为连接点体系中最后的兜底选项。[1]所以，在涉外非婚同居财产关系的冲突规范中，为了克服传统连接点的弊端，有必要将最密切联系地这一弹性连接点纳入其体系之中。

最后，在一定意义上，财产所在地也有可能成为涉外非婚同居财产关系法律适用中的连接点。这是因为，一方面，在某些具体案件中，非婚同居当事人双方所争议的主要财产所在地完全有可能在争议案件与财产所在地法之间构建起内在实质联系；另一方面，对于那些涉及不动产的争讼案件，适用不动产所在地法，也是完全合理和合乎当今国际私法实践的。

[1] 如我国《涉外民事关系法律适用法》第2条原则性规定：“本法和其他法律对涉外民事关系法律适用没有规定的，适用与该涉外民事关系有最密切联系的法律。”

第二节 相关领域依“冲突法处理方式”确定准据法的借鉴

涉外非婚同居作为非婚同居走出国界的新阶段，正在向传统国际私法提出新的挑战。不难预测，与涉外婚姻一样，涉外非婚同居的国际私法调整必将经历一个从不成熟走向成熟的过程。许多国际私法学者已注意到这一问题的存在。也有少数国家在其国际私法中为涉外非婚同居规定了专门的法律适用规则。❶ 关于涉外非婚同居问题，不仅是立法者，还有涉外非婚同居当事人自己，他们的目光主要集中在同居者之间的财产关系问题上。可以说，财产关系确实是涉外非婚同居关系的核心。因此，目前国际私法的应对也应该主要反映在涉外非婚同居财产关系的法律适用上。

笔者在前一节中主要论及了涉外非婚同居财产关系冲突规范的连接点问题，主要包括涉外非婚同居财产关系连接点的择定因素与种类等。在完成对连接点的分析之后，本书认为，鉴于涉外非婚同居财产关系属于一种新型涉外民事关系，目前并没有太多现成的理论与立法实践，故要探讨涉外非婚同居财产关系准据法选择的规则与方法，首先有必要借鉴相关领域准据法选择的经验，借鉴整个国际私法准据法选择的新理论与新实践。

承前所述，非婚同居是随着当代社会经济发展和人们对传统家

---

❶ 1999 年的《斯洛文尼亚共和国关于国际私法与诉讼的法律》第 41 条、2004 年《比利时国际私法典》第 60 条以及 2007 年《马其顿共和国关于国际私法的法律》第 45 条等，一般性规定了涉外非婚同居财产关系的法律适用规则，虽然不见得很完善，但毕竟已经有了相关的立法实践。

庭道德观念的变迁，为了追求更加自由的生活方式而出现的一种与婚姻家庭功能类似的新型家庭组织模式。从功能上看，非婚同居与婚姻关系具有一定的相似性；从身份上看，非婚同居又不具备婚姻关系下严格意义的身份关系，倒像是自由契约关系下的财产关系。因此，笔者认为，要探索和创新涉外非婚同居财产关系的准据法选择方法，有必要先对涉外婚姻财产关系和涉外契约财产关系准据法选择的经验进行梳理。

一、对涉外婚姻财产关系依"冲突法处理方式"确定准据法的考察

世界各国由于法律传统的不同，在婚姻财产关系的立法上表现出较大的差异。在涉外婚姻财产关系法律冲突的解决上，主要包括这么几个方面的问题，一是究竟选择何种连接点更适合；二是夫妻财产中的不动产和动产是否要区分；三是夫妻财产关系连接点变迁的法律适用问题；四是夫妻契约财产关系中契约的法律适用问题；五是夫妻内部财产关系与涉及第三人利益的外部财产关系的法律适用问题；等等。

以1989年生效的《瑞士关于国际私法的联邦法》（2010年文本）为例，该法专门用一节来规定涉外夫妻财产关系的法律适用问题。其第52条和第54条明确了夫妻财产关系准据法的选择规则：夫妻财产关系，依照夫妻双方所选择的法律；夫妻没有进行这种法律选择时，夫妻财产关系适用夫妻同时有住所的国家的法律或者夫妻最后同时有住所的国家的法律；如果没有上一项的住所地国，则适用其共同本国法律；如果前两项仍然无法实现法律选择的，则适用瑞士法律。第55条明确了夫妻住所变更时的法律适用规则：一方面，当夫妻双方将住所从一国迁移至另一国时，原则上应当适用

新住所地国法律，并且溯及既往到结婚之时。另一方面，夫妻双方也可通过书面协议予以排除。第57条将夫妻财产关系中与第三人之间的法律关系的法律适用进行了明确规定：夫妻财产关系对夫妻一方与第三人之间的法律关系效力，适用该法律关系产生时当事夫妻一方住所地国法律；如果该第三人在该法律关系产生时已经知晓或者应当知晓夫妻财产关系准据法的，则适用该准据法。其他国家的国际私法关于夫妻财产关系法律适用的立法大多没有超越瑞士国际私法，在内容上大多表现为不如瑞士国际私法全面。但大多数国家的国际私法对夫妻财产关系准据法的选择规则都有或繁或简的规定。如2001年的《立陶宛共和国民法典》第一编第28条与《瑞士关于国际私法的联邦法》稍有不同，在最密切联系地国之后增加了一个婚姻缔结地的补充性连接点，以及一个涉及婚姻财产中不动产法律适用效力的规定（在不与不动产所在地国法律冲突的情况下，可适用夫妻双方协议选择的法律）。[1] 1979年生效的《奥地利共和国关于国际私法的联邦法》（2009年文本）则将准据法选择规则设计为，双方明示选择的法律、共同属人法（最后共同属人法）、双方惯常居所地国法（最后惯常居所地国法）、最密切联系地国法的选择顺序。1999年《斯洛文尼亚共和国关于国际私法与诉讼的法律》明确了法定财产关系的共同国籍国法、共同的住所地国法、最后共同居所地国法、最密切联系地国法和契约财产关系参照法定财产关系适用法律或者依准据法的选择规则。2005年《保加利亚共和国关于国际私法的法律》第79条的规定与斯洛文尼亚类似。2007年的《马其顿共和国关于国际私法的法律》第42条、

---

[1] 立陶宛共和国民法典[Z].邹国勇译,载于中国国际私法与比较法年刊(第7卷)[C].北京:法律出版社,2005:616－632.

43 条的规定也差不多。 不同之处在于，一是强化了协议选择准据法的地位，二是用法院地国法取代了最密切联系地国法作为最后的准据法确定规则。❶ 2007 年的《土耳其共和国关于国际私法与国际民事诉讼程序法的第 5718 号法令》第 15 条将夫妻合意选择的法、共同本国法、共同惯常居所地国法、法院地法作为其夫妻财产关系准据法选择规则，至于不动产财产，土耳其法律认为应该依不动产所在地国法。❷ 我国台湾地区《涉外民事法律适用法》则在第一顺序的夫妻双方合意选择准据法方面增加了选择范围的限制，即以夫妻一方的本国法或住所地法为限。❸

总之，从上述考察中我们不难发现，在涉外婚姻财产关系准据法的选择上，主要表现出如下几个方面的特点：一是在连接点的选择上，一般包括当事人双方之合意选择、共同的住所、惯常居所、共同国籍国、最密切联系地、法院地等，个别国家还将婚姻缔结地作为最后的补充性连接点。❹ 当然，在这些连接点中，不同国家对协议选择的法律地位的规定有所不同；在共同国籍国与共同的住所地国之间，存在先后之不同选择顺序；以及是否将最密切联系地、法院地等连接点纳入准据法选择体系方面有所不同。 二是关于夫妻财产中的不动产和动产是否要区分进行法律适用方面，很多国家没有直接涉及，但涉及的大多数国家一般规定不动产应该适用不动

---

❶ 邹国勇译注. 外国国际私法立法精选[M]. 北京：中国政法大学出版社，2011：116，200，230，231，250，251.

❷ 土耳其共和国关于国际私法与国际民事诉讼程序法的第 5718 号法令[Z]. 邹国勇译，载于中国国际私法与比较法年刊（第 12 卷）[C]. 北京：北京大学出版社，2009：513 – 530.

❸ 参见我国台湾地区《涉外民事法律适用法》[Z]. 第 48 条.

❹ 如 2004 年《比利时国际私法典》第 51 条第 3 款、2001 年《立陶宛共和国民法典》第 1.28 条第 1 款的规定。

产所在地法或至少不违背不动产所在地法的规定。❶ 三是在连接点变迁导致的法律适用问题上，只有少部分国家的国际私法有规定，如《立陶宛共和国民法典》第1.28条第5款，《瑞士关于国际私法的联邦法》第55条（共同住所地变迁的，适用新住所地国法），土耳其国际私法第15条第3款（婚后取得新的共同国籍的，在不影响第三人权益的条件下，可适用新的共同国籍国法），等等。四是在夫妻契约财产关系的法律适用问题上，承认夫妻双方契约财产制的国家中，大多数国家就夫妻的契约财产制中财产契约的形式、效力、边界等有法律适用上的规定。❷ 五是在夫妻内部财产关系与涉及第三人利益的外部财产关系的法律适用问题上，有这方面规定的国家，主要倾向是看第三人是否知晓或者应当知晓夫妻双方财产关系的准据法，如果知道的话，夫妻财产关系的准据法就可以对抗第三人；否则，夫妻财产关系的准据法就不能对抗善意第三人，此时有的国家主张适用当事夫妻一方与第三人都有惯常居所的国家的法律（如比利时），有的主张适用当事夫妻一方当时住所地国法律

---

❶ 前者如2007年《马其顿共和国关于国际私法的法律》第43条第2款第3项《土耳其国际私法》第15条第2项的规定；后者如2005年《保加利亚共和国关于国际私法的法典》第81条、2001年《立陶宛共和国民法典》第1.28条第4款的规定。

❷ 如2001年《立陶宛共和国民法典》第1.28条第2款规定了财产契约的准据法和选择法律协议的准据法；1999年的《斯洛文尼亚共和国关于国际私法与诉讼的法律》第39条规定了夫妻财产契约的准据法为支配夫妻人身关系与法定财产关系的法律，也一定程度上允许夫妻双方为财产契约选择准据法；2007年《马其顿共和国关于国际私法的法律》第43条也将夫妻财产契约的准据法规定为支配夫妻人身关系与法定财产关系的法律，但同时无条件地允许夫妻双方通过书面协议选择其财产契约的准据法。

（如瑞士[1]），有的主张适用与法律行为最密切联系地的法律（如我国台湾[2]）。

二、对涉外合同关系依“冲突法处理方式”确定准据法的考察

涉外合同关系准据法的确定，无论是在理论上还是在实践中，都表现出相对地成熟。无论是从涉外合同关系法律适用本身的国际私法实践而言，还是从涉外合同法律适用理论对其他涉外民事关系领域的影响来说，都引领了国际私法理论与实践发展的趋势和方向。合同准据法经历了缔约地法、意思自治选择的法和最密切联系地法三个阶段后，最终发展到以意思自治为主，以最密切联系为辅的“合同自体法”阶段。同时，合同准据法发展过程中的诸多概念与理论迅速影响到其他法律适用领域。[3]在涉外合同准据法确定上，长期以来存在一些重要的、方法论上的分歧，如合同法律适用的分割论与单一论的分歧、意思自治选择法律的主观论与客观论的分歧。这些方法论上的分歧同时也深深影响着其他法律适用领域准据法选择理论的发展。

同样以1989年生效的《瑞士关于国际私法的联邦法》为例，该法第116条至第126条详细地规定了涉外合同准据法的选择规则。该法第116条和第117条规定了合同法律适用的一般性规则，即首

---

[1] 参见1989年《瑞士关于国际私法的联邦法》第57条；2005年《保加利亚共和国关于国际私法的法典》第81条；2004年《比利时国际私法典》第54条。

[2] 参见我国台湾地区《涉外民事法律适用法》[Z]. 第49条。

[3] 如合同自体法理论提出后，不久就被国际私法学者发展到侵权行为领域、婚姻家庭领域等等。

先优先适用当事人明示选择的法律，而当事人未进行法律选择时则通过最密切联系与特征性履行结合之方法确定准据法。然后，该法还分别对涉及不动产的合同以及消费者合同、雇佣劳动合同等涉及弱势一方利益需特别保护的合同的准据法确定进行了规定。从《瑞士关于国际私法的联邦法》的上述规定来看，主要表现出以下几个特点：将当事人合意选择法律作为最需要体现意思自治的合同领域的准据法选择的首要规则；仍然坚持涉及不动产的合同尤其是其中的合同形式应适用不动产所在地法律，但也允许当事人合意选择的法律在不动产合同领域有效，反映出一定的灵活性；[1]在消费者日常消费领域以及雇佣劳动合同领域，为了保护处于弱势地位的消费者、劳动者的合法权益，该法作出了有利于消费者和劳动者的法律适用规定，彰显了准据法选择的实体价值。从整个国际私法的立法实践看，大多也反映出与《瑞士关于国际私法的联邦法》相似的特点与趋势。首先是在契约关系中采用意思自治的准据法选择规则的国家非常之多，既包括大陆法系的日本、希腊、德国、瑞士、法国、比利时、波兰、泰国等国家，也包括英美法系的美国、英国、澳大利亚等众多国家，还包括一大批影响深远的国际性立法，如《国际有体动产买卖法律适用公约》《国际货物销售合同法律适用公约》《合同义务法律适用公约》等都采纳了意思自治的准据法选择规则。而发展到当代社会，随着“Babcock v. Jackson”一案的审判，最密切联系原则开始被纳入侵权行为准据法的选择规则之中。这一弹性的联系概念，将准据法选择方法推向了一个新的高度，并进而与意思自治原则结合发展出准据法选择的“合同自

---

[1] 对不动产所在地法有所放松，允许适用当事人合意选择法律的还有《意大利国际私法》和 1980 年欧共体的《合同义务法律适用公约》等。

体法”理论，不仅平息了长期以来关于主观论与客观论的争议，而且还对整个国际私法准据法的选择方法产生了深远影响。此外，众多的国别国际私法和国际立法也都注意到合同法律适用领域形式公平下的实质不正义现象，因此大都对涉及弱势地位一方的当事人在准据法选择上予以倾斜性保护。如《德国民法典施行法》的第46b条、2001年的《俄罗斯联邦民法典》第1212条、2001年的《立陶宛共和国民法典》第1.39条、1999年的《白俄罗斯共和国民法典》第1130条、土耳其国际私法第26条和第27条，❶以及1980年欧共体的《合同义务法律适用公约》（罗马公约）等国际条约。❷

三、依“冲突法处理方式”选择准据法理论的晚近发展

依“冲突法处理方式”选择准据法始终是国际私法解决涉外民事关系法律冲突的核心环节。因而国际私法理论的研究重心也始终没有离开准据法的选择方法与选择规则。随着国际私法理论与实践的发展，其中的准据法选择理论也日益深入和成熟。这些新的准据法选择理论势必要反映在不断出现的新型涉外民事关系法律冲突的解决上。下面笔者就依“冲突法处理方式”选择准据法理

---

❶ 邹国勇译注. 外国国际私法立法精选[M]. 北京：中国政法大学出版社，2011：15，33，44，53，54，272，273.

❷ 2008年6月17日欧盟《关于合同之债法律适用的第593/2008号条例》（“罗马I”）更是在序言部分明确指出，对于在合同中处于弱势地位的一方当事人，应通过适用较一般规则更有利的法律冲突规则予以保护。第6条、第7条、第8条则详细规定了如何对消费者合同、保险合同、个人雇佣合同中弱势地位当事人一方进行法律适用的特别保护。参见邹国勇译注. 外国国际私法立法精选[M]. 北京：中国政法大学出版社，2011：326－340.

论上的新发展作一简单的梳理。

(一)选择规则与选择方法的融合

冲突法中准据法选择的价值取向一直以来存在确定性与灵活性的矛盾。❶ 在20世纪之前，大部分国家在准据法选择中更多的是坚持确定性标准。与这种标准相对应的就是在准据法选择上，主要是通过具体的、明确的冲突规则中固定、客观的连接点僵化地完成对准据法的选择。随着国际私法的发展，进入20世纪尤其是20世纪60年代以后，越来越多的学者发现这种僵硬的冲突规则的弊端，并普遍认为，如此的准据法选择，其实质不过是管辖权的选择，尽管满足了冲突法正义的要求，但对于涉外民事关系法律冲突的合理解决和当事人利益的最大维护都是不利的，有时甚至还会背离法律实体价值。基于此，有学者主张“抛弃”具体的、一项项的冲突规则，❷转而采用开放灵活的法律选择“方法”来解决准据法的选择问题。具体说来，就是通过一系列相对灵活的因素为法院的准据法选择提供一种参考和标准，但本身并不具体指明应适用何国法律，❸以此来完成准据法的选择。这时期典型的表现就是最密切联系理论、政策定向等方法被引入到法律选择之中。可以说，盛行于20世纪中期以后的美国现代国际私法的法律选择方法革命，确实为国际私法准据法选择的灵活性注入了活力。但是，过于主观、过于灵活的准据法选择，不可避免地导致准据法选择上的

---

❶ 肖永平. 肖永平论冲突法[M]. 武汉:武汉大学出版社,2002:131.

❷ Morris. *the Conflict of Laws* [M] (13th ed.), Sweet & Maxwell 2000: 517.

❸ See Reese, *Choice of Laws, Rule or Approach* [M]. Cornell L. Rev. 57, 1971/72:315 - 334.

擅断，同时还导致准据法选择的不确定和不效率。❶ 于是，将传统客观规则与现代灵活方法相结合就成了当代国际私法准据法选择的一大趋势。❷ 这一结合就将传统冲突规则的僵硬和单纯法律选择方法的过于灵活、难以把握的弊端尽可能避免，真正赋予了准据法选择以确定性和灵活性。 最典型的代表就是合同领域的最密切联系选择方法与特征性履行规则的结合迅速为世界各国所采纳。 而且，这一趋势迅速影响到合同之外的物权、侵权、婚姻家庭继承等领域。

准据法选择的确定性与灵活性结合的具体表现，除了规则与方法的融合之外，还反映在替代性连接点与主观灵活的连接点、层级化连接点等的广泛采用上。❸ 现在的国际私法立法，很少有国家采用单一的客观连接点或者单一的主观连接点的方式，而是在冲突规范中采用既便于理解和操作又开放灵活的主客观复数连接点的做法。 同时，为了准据法选择的合理，还出现了大量将连接点层级化设置的冲突规范，以尽量限制准据法选择的主观性，促进准据法选择体系的内在合理性。

(二)冲突法正义与实体法正义的兼顾

传统冲突法主要是通过间接调整的手段来完成指引涉外民事关系究竟应适用何国法律的任务，其只作立法管辖权选择而忽视了准

❶ See S. C. Symeonides, W. C. Perdue & A. T. Von Mehren. *Conflict of Laws* [M]. West Group, 1998:135 - 139.

❷ 韩德培. 国际私法问题专论[M]. 武汉:武汉大学出版社,2004:19.

❸ Symeon C. Symeonides. General Reports of the XVIIIth Congress of the International Academy of Comparative Law [R], *Codification and Flexibility in Private International Law* [C]. Published in K. B. Brown and D. V. Snyder (eds.), 2011.

据法本身、忽视了对涉外民事关系当事人实体权利与义务的调整。根据孙国华教授的观点，我们要评价一种法律制度的价值及其大小，关键要看这种法律制度的性能，看这种法律制度能否满足一定主体的需要和满足程度。❶ 因此，传统国际私法的这一弊端在当代社会被认为并未满足国际私法本应具有的价值而饱受批评。因此，当代国际私法理论与实践高度关注国际私法调整涉外民事关系的实体法价值需求。❷ 在准据法选择问题上，国际私法在坚持冲突规范确定性、普遍性等传统冲突法正义的基础上，也越来越重视实体法价值对准据法选择的渗透。其实早在20世纪30年代，美国学者卡弗斯就曾创立了著名的规则选择与结果选择的理论，主张法官对准据法的选择应该考虑案件的实体后果以及法院最终所适用的法律能否体现法律的公平正义价值，能否使当事人获得公平、正义的对待。到今天，这种兼顾形式正义、追求实质正义已经成为准据法选择上一个十分明显的趋势。其实，笔者倒认为可将这一趋势理解为国际私法价值的理性回归。著名法学家博登海默曾说过：“在冲突法领域中，有关公平与正义的一般考虑，在发展这一部门法的过程中起到了特别重大的作用。”❸当然，我们也绝不能轻易去否定传统国际私法所体现的正义价值。因为，传统国际私法的冲突规则，只是通过为涉外民事关系“选择一个适当的国家”，以

---

❶ 孙国华. 法理学教程[M]. 北京：中国人民大学出版社，1999：58.

❷ 我国国际私法学界在20世纪前后也出现了大批研究国际私法法律价值的著述，如宋晓. 当代国际私法的实体取向[M]. 武汉：武汉大学出版社，2004；还有李双元、屈广清、程卫东、李金泽、吕岩峰、肖永平、徐冬根等一大批学者撰文探讨国际私法的法价值，详见徐冬根. 国际私法趋势论[M]. 北京：北京大学出版社，2005：168－169.

❸ 〔美〕E. 博登海默. 法理学：法律哲学与法律方法[M]. 邓正来译，北京：中国政法大学出版社，1999：449.

“提供一个应适用的法律”，而并非直接去寻找合适的法律，更不是去寻找合适的结果。❶ 它所强调的是通过提供法律适用规则以实现规则正义、形式正义和秩序正义。但是，国际私法绝不能仅仅满足于法律适用形式上的公平和正义，相反，在任何时候都不应该放弃法律适用的实质公平和正义。“适当国家”的法律还应该是“适当的法律”，这种“适当性”应从实质意义层面而不仅是从法律适用的空间意义层面来界定。❷

当代国际私法准据法选择的冲突法正义与实体法正义的兼顾主要体现在以下几个方面。

一是在坚守形式正义的基础上日益注重考察准据法的内容和结果正义。传统冲突规则的作用主要在于帮助法官择定所受理案件应适用的法律所属的国家，其重心不在于准据法的实质内容，准据法的内容并非法律选择过程中的正式考虑因素。由此看来，选择的似乎是国家的立法管辖权而并非准据法本身。所以传统冲突规则的抨击者将其称为管辖权选择规则。❸ 由此可见，这种传统的准据法选择最大的弊端就是它忽视了准据法的具体内容，从而陷入单纯的冲突法正义。其不良后果就是在很多案件中满足了“冲突法正义”而牺牲了“实体法正义”，因而其纠纷的解决最终可能是不

---

❶ 李双元. 国际私法正在发生质的飞跃——试评《20 世纪末的国际私法:进步抑或倒退》一书的总结报告[A]. 载国际私法与比较法论丛(第 5 辑)[C]. 北京:中国方正出版社,2003:414.

❷ 李双元. 国际私法正在发生质的飞跃——试评《20 世纪末的国际私法:进步抑或倒退》一书的总结报告[A]. 载国际私法与比较法论丛(第 5 辑)[C]. 北京:中国方正出版社,2003:415.

❸ See Cavers. *A Critique of the Choice of Law Problem* [M]. 47 Harv. L. Rev. 173,189,1933. 转引自肖永平,岳为群. 法律选择理论若干问题回顾[J]. 法学研究,2001(3).

正义的。因此，卡弗斯提出质疑：“法院不是在随便选择一个法律，而是在解决法律争议。如果不考虑选择的结果对争议的影响，他如何能做出正确的选择？”所以卡弗斯主张依潜在准据法规范具体案件的结果来进行法律选择。❶ 尽管该选择方法将准据法的选择复杂化和抽象化了，在学界存有一些争议，但是，国际私法的最终任务毕竟是公平正义地解决涉外民事纠纷，所以准据法选择上的结果正义必将是国际私法的发展方向之一。而且，对选择的准据法的内容和结果正义的关注，已经成为当代国际私法实体取向的重要方面，在很多国家的国际私法立法中都有体现。如 1979 年《奥地利共和国关于国际私法的联邦法》第 22 条规定：“非婚生子女因事后婚姻而准正的要件依父母的属人法；父母属人法不同时依其中更有利于准正的法律”，便是将促成非婚生子女顺利准正的政策取向作为准据法选择的连接点❷的典型。

二是准据法选择中日益注重对弱者等的特别保护。这是当代国际私法正视差异、关注实质正义的体现。在准据法的选择中，包括：第一，对一些平等性法律关系中实际上处于弱势地位一方的保护和对强势地位一方某些不公平行为的排除。如消费者合同和劳动者合同中为了改变消费者、劳动者极易陷入被对方支配的法律适用境地，通过规定更有利于消费者、劳动者的法律适用规则并对强势地位一方进行法律适用上的限制。如 1896 年的《德国民法典施行法》第 30 条、1998 年的《突尼斯国际私法法规》第 67 条等都体现了这一立法精神。第二，对妇女、儿童的特别保护。德国、

❶ 韩德培. 国际私法[M]. 北京：高等教育出版社，北京大学出版社，2007：112.

❷ 李双元. 中国与国际私法统一化进程[M]. 武汉：武汉大学出版社，1998：53.

意大利、瑞士、列支敦士登、俄罗斯、突尼斯、白俄罗斯等一大批国际私法立法都规定了在准据法选择中应选择适用有利于保护女性、儿童的法律。❶

三是除了上述两个方面之外，更多的社会伦理价值渗透到国际私法的准据法选择之中，将准据法选择的形式正义与实体正义结合推向了一个新的高度。比如准据法选择中当事人本位主义的意思自治的迅速扩展，准据法选择中对当事人私人利益价值的更加尊重，等等。

综上所述，我们在研究涉外非婚同居财产关系准据法选择的方法以及规则时，一方面要深入分析这一新型涉外民事关系自身的特征，重视这类涉外民事关系法律适用中的特殊因素，将这些自身的本质的东西融入准据法选择的理论之中；另一方面，我们又要看到涉外非婚同居财产关系与涉外婚姻、涉外契约中的财产关系在形式上和功能上的相似性，认真地分析这些领域准据法选择方法和规则上的异同，借鉴其准据法选择上的成功经验，将其作为我们探索涉外非婚同居财产关系准据法选择方法的重要基础；此外，我们又不能囿于相关领域现有的冲突规则和法律选择方法，而应该高瞻远瞩，在把握当代国际私法价值取向以及准据法的选择的发展趋势的基础上，大胆创新和建构涉外非婚同居财产关系准据法的选择机制。

第三节　涉外非婚同居财产关系依"冲突法处理方式"确定准据法的方法

考虑到涉外非婚同居财产关系自身的特性，以及相关领域准据

❶ 徐冬根．国际私法趋势论[M]．北京：北京大学出版社，2005：244.

法的选择方法与规则，笔者认为，有如下几种选择方法可供涉外非婚同居财产关系准据法确定作选择。

一、依当事人意思自治选择准据法

（一）依意思自治选择准据法方法的合理性

意思自治原则作为一项十分重要的私法原则，在国际私法中的价值与功能日益彰显。在准据法选择的众多方法中，意思自治无疑已经成为最重要的方法之一。目前，依当事人意思自治选择准据法已经被适用到包括合同、物权、侵权、婚姻家庭与继承等在内的极其广泛的领域。在涉外非婚同居财产关系中，所谓依当事人意思自治选择准据法指的是，在解决涉外非婚同居财产关系的法律冲突时，将意思自治原则作为确定准据法的依据，即由案件当事人（同居双方）通过双方之合意自主选择适用于争议案件的准据法的选择方法。这种法律选择方法在解决涉外非婚同居财产关系法律冲突中具有不可比拟的优越性。这些优越性与涉外非婚同居关系自身所蕴含的自由价值、法律调整社会关系的趋势以及该类财产关系特有的属性密不可分。

首先，依当事人意思自治选择准据法的方法充分尊重了当事人反对传统婚姻家庭法律的严苛束缚转而追求自由的新的生活方式的主观意愿。既然涉外非婚同居是社会经济发展到一定阶段后才出现的，那么我们必然要考察这一新型涉外民事关系产生和存在的背景及社会、法律、伦理等方面的原因。涉外非婚同居是当代未婚男女（没有婚姻关系在身的适婚单身男女）不愿接受传统婚姻法律制度的束缚，更加追求人生个体价值和生活质量，跨越了国界的一种新的同居选择。在这种替代性的更自由的新型家庭模式中，非婚同居者之间的人身关系和财产关系因为处于一种松散的、无拘无束的状态，“逃离”了传统婚姻家庭法律的约束而受到时尚潮人们的欢迎。这种现象在人类社会尤其是进入21世纪之后，无论是在社会经济方面，还是在道德伦理方面，都已经为世界绝大部分国家的国民所理解和接受；而且在法律制度层面，也日渐受到很多国家立法者的重视。❶因此，相应地，在涉外非婚同居财产关系法律冲突的解决中，通过同居当事人双方之合意自主地选择解决自己纠纷的准据法本身就是非婚同居者选择非婚同居生活方式的主观意愿的一种自然延伸，是当事人自己主宰双方之间事务的一个重要方面。因而，依当事人意思自治选择准据法是尊重非婚同居者主观意愿和符合法律调整社会关系发展规律的。

其次，依当事人意思自治选择准据法的方法是法律（包括国际私法）对新时期的社会关系进行法律调整的一种适应，从某种角度看也符合了马克思的“经济基础决定上层建筑”的经典理论。承前所述，涉外非婚同居在人类社会发展中具有必然性，是一定的经济、社会、道德伦理的产物。根据马克思的“经济基础决定上层建筑”的经典理论，正是在这样的背景下产生了涉外非婚同居现象。所以，对涉外非婚同居关系尤其是其中的财产关系必然需要相应的法律进行调整。鉴于涉外非婚同居财产关系产生的社会背景与自由基础，国际私法在对这一新型涉外民事关系进行调整的时候，也应当反映该类财产关系中同居当事人追求自由与破除束缚的期望。具体到涉外非婚同居财产关系准据法的选择中，就是应依同居当事人意思自治选择准据法，由同居当事人自主决定双方之间

---

❶ 无论是英美法系国家，还是大陆法系国家，越来越多的国家通过立法来规制非婚同居关系，如法国、瑞典、德国、美国等一大批国家和地区。甚至部分国家明确承认非婚同居与传统婚姻家庭并驾齐驱的地位，更有部分国家已经将法律对非婚同居的调整延伸到了同性同居的领域。

财产纠纷应适用的法律。

最后，涉外非婚同居财产关系自身的特殊属性与依当事人意思自治选择准据法的法律选择方法具有同源性。第一，意思自治原则是从传统私法中的契约自由理念发展演变而来的，由16世纪法国学者杜摩兰首创的一项国际私法思想，当时称之为“当事人意思自治说”。该学说赋予当事人可以通过明示或默示的方式自主选择适用于双方之间契约的准据法。因此，依当事人意思自治选择准据法首先适用的领域就是私人契约领域，首先调整的社会关系就是私人财产关系。前面我们提到，涉外非婚同居财产关系作为同居关系中最核心的部分，它是以同居契约为基础形成同居身份后产生和存在的一种同居财产关系。❶ 所以说，涉外非婚同居财产关系本质上还是属于一种私人契约关系。既然如此，将依当事人意思自治选择准据法的法律选择方法适用到涉外非婚同居财产关系领域，便因为同源而变得毫无障碍。此外，同作为类似私人领域的婚姻财产关系中，意思自治原则也得到了广泛采用。无论是英美法系还是大陆法系国家的婚姻财产制中一般都允许婚姻当事人通过意思自治订立财产契约；同时，在婚姻财产关系的准据法选择上，通过当事人意思自治选择准据法也已经为众多国家的立法实践所采纳。❷

---

❶ 何群．涉外身份关系法律适用研究[J]．国际关系学院学报，2004(3)．

❷ 如《德国民法典施行法》第15条第2款，1989年《瑞士关于国际私法的联邦法》第52条、53条，1979年《奥地利共和国关于国际私法的联邦法》第19条，2007年《土耳其共和国关于国际私法与国际民事诉讼程序法的第5718号法令》第15条，2001年《立陶宛共和国民法典》第1.28条第2款，2005年《保加利亚共和国关于国际私法的法典》第79条第4款、第80条，2007年《马其顿共和国关于国际私法的法律》第43条，等等。

(二)依意思自治选择准据法方法的内容

1. 选择协议的形式

关于意思自治选择准据法的法律选择协议的形式问题，一直以来在理论界和国际私法实践中都颇有分歧。在意思自治选择准据法的最初，大多认为当事人应当以明确的选择协议（一般是书面协议）进行法律选择，这对于司法实践的简便操作无疑更加便利。但随着意思自治原则本身的发展，意思自治的形式变得日益宽松和灵活。作为法律选择方法的意思自治，选择协议的形式在国际私法实践中也被日益放宽，这一趋势在国际经贸合同领域表现得尤其明显。❶ 在涉外婚姻财产关系的意思自治选择准据法方法中，大部分国家对选择协议的形式表现出相对严格的形式要求。❷ 那么，在涉外非婚同居财产关系的意思自治选择准据法方法中，笔者认为，

❶ 如1980年欧共体的《合同义务的法律适用公约》、1980年的《联合国货物销售合同公约》等都对协议的形式进行了宽松、灵活的规定。

❷ 大多数国家对法律选择协议的形式有明确要求，如1896年《德国民法典施行法》第15条第3款要求在德国的“法律选择须经公证”，1989年《瑞士关于国际私法的联邦法》第53条要求法律选择须以“书面形式”作出，2005年《保加利亚共和国关于国际私法的法典》第80条要求“必须采取书面形式，并注明日期，附上夫妻双方的签名”，2007年《马其顿共和国关于国际私法的法律》第43条要求“书面协议选择”，1979年《奥地利共和国关于国际私法的联邦法》第19条则要求当事人“明示选择”，等等；也有部分国家对法律选择协议形式不作明确要求，如1896年《德国民法典施行法》第15条第3款和2001年《立陶宛共和国民法典》第1.28条第2款都有法律选择协议“只要满足所选择的法律或协议达成地法律的形式要求，则为有效”的宽松规定；2007年《土耳其共和国关于国际私法与国际民事诉讼程序法的第5718号法令》第15条以及我国2010年《涉外民事关系法律适用法》第24条中则没有关于选择协议形式的规定。

法律选择协议作为非婚同居当事人自主决定自己事务的一部分，不宜采用过于严格的形式要件。因为过于严格的形式要求不可避免地会使同居当事人的意思自治大打折扣，而这显然是背离意思自治原则本身的。但是，同居当事人主观上的意思自治又必须通过一定的客观形式表现出来。否则，非婚同居当事人的真实意思无法为法官所察知，也可能导致背离意思自治原则的初衷。因此，我们宜借鉴国际私法管辖协议形式的一些经验，一方面对选择协议不做过于僵硬的规定，另一方面又要求能通过“书面证据”对选择协议的存在予以证明；[1]此外，还可借鉴德国、立陶宛国际私法的做法，在上述规定之后，还可以采取尽可能使非婚同居当事人的法律选择协议有效的做法，以此最大限度保护非婚同居当事人准据法选择上的意思自治。

2. 选择法律的范围

涉外非婚同居当事人选择准据法的范围有无限制？长期以来，国际私法理论与实践中都存在着主观论与客观论的分歧。主观论者认为，既然当事人意思自治选择准据法是当事人意思自治处理私人事务的体现，那么，当事人选择准据法的范围不应该有任何

---

[1] 如1989年《瑞士关于国际私法的联邦法》第5条第1款明确了管辖协议可通过书信、电报、电传、传真或其他可构成书面证明的通讯方式达成；1995年《意大利国际私法制度改革法案》第4条采用了“书面证明”的灵活规定；2007年《土耳其共和国关于国际私法与国际民事诉讼程序法的5718号法令》第47条要求对管辖协议进行“书面证明”；详见本书第三章第二节“协议管辖”部分。

限制，可以随心所欲地选择任何法律。❶ 而客观论者则立足于涉外民事关系总是与一定地域的法律相联系，因而主张应该选择与案件有实际联系的法律。❷ 笔者认为，在涉外非婚同居财产关系意思自治选择准据法的问题上，宜以主观论为基础，尽量对协议选择法律不做过多限制。因为，涉外非婚同居关系的存在本身就是同居者按照自己意志选择更加自由的生活方式和按照自己意愿创设自己的权利义务的反映，因而对非婚同居当事人合意选择准据法没有必要作出这种实质联系要求的限制。但是另一方面，笔者也主张，这种没有过多限制的准据法选择并不等于非婚同居者可以完全随心所欲地进行法律选择。在下列几种情况下，笔者主张对涉外非婚同居当事人的法律选择进行必要的限制：对那些有可能违背某些国家的公共秩序的法律选择；对那些与相关国家强制适用的法相抵触的法律选择；对那些明显损坏第三人合法权益的法律选择以及；违背了相关国家中关于对弱势一方和妇女儿童权益特别保护规定的法律选择，等等。我们在设计涉外非婚同居财产关系依意思自治选择准据法的方法时，对这几种情况的法律选择作出限制，一方面是意思自治原则本身的要求，另一方面也是国际私法实体价值的反映。

---

❶ 如我国2010年《涉外民事关系法律适用法》第41条采用了主观论，不要求当事人选择合同准据法与案件有实质联系；1979年《奥地利共和国关于国际私法的联邦法》第19条对婚姻财产制也没有限定选择法律的范围。

❷ 如我国2010年《涉外民事关系法律适用法》第24条对夫妻财产关系的意思自治法律选择采用了客观论，“夫妻财产关系，当事人可以协议选择适用一方当事人经常居所地法律、国籍国法律或者主要财产所在地法律”。此外，1896年《德国民法典施行法》第15条、1989年《瑞士关于国际私法的联邦法》第52条第2款、2001年《立陶宛共和国民法典》第1.28条第2款等等都采用客观论要求选择的法律与案件有实质联系。

二、依最密切联系原则选择准据法

依当事人意思自治选择准据法确实是当代国际私法准据法选择最重要的方法之一，但对涉外非婚同居财产关系而言，现实中必然会存在大量的同居者双方没有法律选择协议或者无法推断出法律选择协议的情况。所以，还必须存在其他的准据法选择方法。依最密切联系原则选择准据法也是当代国际私法准据法选择理论中最重要的一个成果。面对日益复杂的涉外民事关系，传统冲突规范的僵硬性、机械性迫使出现了20世纪60年代以来的冲突规范软化处理高潮。将最密切联系理论引入法律选择方法，将多种传统的法律选择方法的优点融于一体，不得不说是国际私法准据法选择的一场革命。它紧紧抓住了涉外民事关系与一定地域法律之间的内在实质联系这一冲突法的本质，同时又使准据法选择高度概括和极具灵活性，完全符合国际私法的发展方向，因而受到国际私法理论与实践的最大欢迎。

为了平衡传统冲突规范的僵硬性和单纯法律选择方法的过度抽象性与灵活性，国际私法的冲突规范自20世纪60年代以来出现了一场“规则加方法”的革新，❶即在具体的冲突规则之后，辅之以必要的准据法选择方法，以实现准据法选择的确定性与灵活性成为众多冲突规范所采用的立法方式。因此，在涉外非婚同居财产关系的法律选择中，依最密切联系原则选择准据法相应地包括如下两个层次：

一是按照最密切联系理论，构建出一个具体的准据法选择规则

---

❶ 详见本章第二节“准据法选择理论的晚近发展之（一）准据法选择的确定性与灵活性的结合”部分。

体系。为了发挥传统冲突规则所具有的确定性优势，有利于法官选择法律的明确性和便利性，按照最密切联系理论，将涉外民事关系中一些连接点固定化，构建出一系列具体的、层级化的准据法选择规则，作为指导法官进行法律选择的主要依据是必要的。现代国际私法的立法大多采用了这一方法，如1989年《瑞士关于国际私法的联邦法》第52条和54条关于夫妻财产关系的法律适用规则便是如此："夫妻财产关系，依照夫妻双方所选择的法律。""1.夫妻双方未进行法律选择时，夫妻财产关系适用：（a）夫妻双方同时有住所的国家的法律，或者如果没有这种情形，则适用（b）夫妻双方最后同时有住所的国家的法律。2.如果夫妻双方从未同时在同一国家有过住所，则适用其共同的本国法律。3.如果夫妻双方从未同时在同一国家有过住所，亦无共同国籍的，则适用瑞士法律中的夫妻财产分有制。"我国2010年《涉外民事关系法律适用法》第21条、第24条、第26条等多个条文都是按照最密切联系理论构建了一个层级化的选择规则体系。❶ 因此，在涉外非婚同居财产关系的准据法选择中，笔者建议，首先也应该按照最密切联系理论尽可能地构建出一个层级化的具体的法律选择规则体系。具体说来，笔者认为，按照最密切联系理论，我们可以将非婚同居当事人的协议选择地国、共同住所地国（包括同时有住所的国家）、惯常居所地国、共同国籍国、财产所在地国以及法院地国等与涉外非婚同居财产关系有密切联系的连接点按照各国的国际私法

---

❶ 此外，2007年《土耳其共和国关于国际私法与国际民事诉讼程序法的第5718号法令》的第15条，2001年《立陶宛共和国民法典》第1.28条第1款，1998年《委内瑞拉关于国际私法的法令》第22条，等等，也是采用这种依照最密切联系理论的层级式的立法方式。参见邹国勇译注．外国国际私法立法精选[M]．北京：中国政法大学出版社，2011.

传统进行层级化的排列，以此作为法官选择法律最主要的依据。❶可以预测，按照最密切联系理论构建的这种层级化的法律选择规则体系，既能够牢牢抓住涉外非婚同居财产关系应当适用与其有内在实质联系的一定地域的法律这一冲突法的本质要求，又能弥补单纯法律选择方法过于随意和灵活以及单一性冲突规则的僵硬性弊端。

二是直接将最密切联系原则作为准据法的选择方法规定在冲突规范当中。上述依据最密切联系理论构建出一个具体明确的法律选择规则体系，对于涉外民事关系法律冲突的解决找到应当适用的法律，一般情况下都能够实现。所以从当代国际私法的立法实践我们不难看出，绝大多数的冲突规范都是按照这一方式设计的。但是，对于那些特殊的涉外民事案件，或许层级化连接点的列举仍然无法完成法律选择的任务。这时，考虑到冲突法任务的实现以及国际私法立法的周延性，笔者认为，可以将最密切联系原则作为准据法选择方法直接规定到冲突规范当中。如1999年《斯洛文尼亚共和国关于国际私法与诉讼的法律》第38条堪称这一立法方式的典范：“1.配偶双方的人身关系与法定财产关系，依其共同国籍国法。2.若配偶双方为不同国家公民，则依其住所地法。3.配偶双方既无相同国籍，住所又不在同一国家的，则依其最后共同居所地国法。4.若依本条第1款、第2款或第3款规定均不能确定准据法，则适用与其有最密切联系的法律。”2007年《马其顿共和国关于国际私法的法律》第42条和2005年《保加利亚共和国关于国际

---

❶ 具体可参见本书第四章第一节“涉外非婚同居财产关系冲突规范连接点的种类”的连接点体系。

私法的法典》第 79 条几乎采用了与上述完全相同的立法方式。❶将最密切联系原则作为准据法的选择方法直接规定到冲突规范当中，一般都是上面提及的这种方式，即首先按照最密切联系理论层级化地列举多个最密切联系的连接点，然后将最密切联系原则直接规定到冲突规范当中，用来增强冲突规范法律选择的灵活性和周延性。在涉外非婚同居财产关系的法律选择中，笔者认为，最好也采取这种立法方式：首先按照最密切联系理论层级化地列举协议选择地国、共同住所地国（包括同时有住所的国家）、惯常居所地国、共同国籍国、财产所在地国以及法院地国等与涉外非婚同居财产关系具有最密切联系的连接点，然后再辅以最密切联系原则的法律选择方法作为最后的备选选项，既能最大限度内满足涉外非婚同居财产关系法律选择的确定性要求，又不失冲突规范的灵活性与周延性。

三、依分割方法选择准据法

作为一种新型的涉外民事关系，涉外非婚同居财产关系既具有不同于涉外婚姻财产关系的特征，又由于其具有一定的持续身份关系属性，因而也与普通的契约财产关系具有本质的不同。这一切都奠定了涉外非婚同居财产关系的复杂性。涉外非婚同居财产关

❶ 此外，1979 年的《奥地利共和国关于国际私法的联邦法》第 18 条，1989 年《瑞士关于国际私法的联邦法》第 116 条、第 117 条，1999 年《斯洛文尼亚共和国关于国际私法与诉讼的法律》第 19 条、第 20 条，2001 年《立陶宛共和国民法典》第 1.27 条，我国 2010 年《涉外民事关系法律适用法》第 41 条，欧洲议会与欧盟理事会 2008 年 6 月 17 日《关于合同之债法律适用的第 593/2008 号条例》第 4 条、第 5 条，等等，都采用了这种立法方式。参见邹国勇译注. 外国国际私法立法精选[M]. 北京：中国政法大学出版社，2011.

系，一方面会涉及涉外非婚同居者财产中的动产，另一方面又会涉及不动产；一方面所涉及的主要是涉外非婚同居者内部财产归属与财产分割的法律适用问题，另一方面又会涉及同居者对同居财产的处分与第三人关系的法律适用问题。正是这些问题的存在，使得涉外非婚同居财产关系的法律适用变得非常复杂。这是我们在探讨和创新涉外非婚同居财产关系准据法选择时必须正视的一个问题。在涉外婚姻财产关系和普通的涉外契约财产关系中，很多学者都谈到了一个分割适用法律的问题。这里笔者也就涉外非婚同居财产关系的法律适用从依分割方法选择准据法的法律选择方法角度进行必要的分析。

一是关于涉外非婚同居财产关系中的动产和不动产问题。对于涉外非婚同居者的财产而言，一般来讲主要就是动产和不动产两大类。关于动产和不动产的法律适用，一直以来存在着统一论与分割论的分歧。那么，对于涉外非婚同居财产关系而言，在准据法的选择方面，究竟是否应该依分割方法进行法律选择呢？关于涉外非婚同居关系中的财产，笔者认为，其法律性质和地位与涉外夫妻财产关系下的财产具有一定的相似性，即都是基于一种相对长期的身份关系下的全部财产的整体。对于涉外婚姻中的财产关系法律适用规则，有学者认为，由于这种财产关系并不注重每一个单项财产的归属，而是要注重这一身份关系下所有财产的权属问题，每一个单项财产的具体位置并不十分重要，尤其是当双方的财产分散在多个法域之中时，如果仍然坚持适用物之所在地法，则会使双方财产关系所适用的准据法变得支离破碎。因此，物之所在地法对于这种具有“强烈属人色彩”的涉外婚姻财产关系的法律适用并没有决定意义。❶ 恰恰相反，鉴于夫妻全部财产的整体性和不容分割性，应该说是夫妻双方的共同属人法而不是物之所在地法与夫妻财产关系具有更加全面恒久的联系。因此，"夫妻财产制法律适用的基本原理和一般财产关系法律适用的基本原理正好相反，不是倾向于适用统一的物之所在地法，而是倾向于适用夫妻的属人法，尤其是夫妻的共同属人法。"❷海牙《夫妻财产制法律适用公约》也有将夫妻双方合意选择的法律统一适用于夫妻全部财产的规定。❸鉴于涉外非婚同居关系中的财产与涉外婚姻关系中的财产性质的相似性，笔者建议，可以适当借鉴上述学者所主张的准据法选择规则。但笔者认为，在涉外非婚同居财产关系的准据法选择上，至少还有两个方面可以提出改进：一方面，将涉外非婚同居财产中的不动产与动产作为一个整体规定统一的法律适用规则选择准据法，虽然具有理论上的可行性与法律适用上的简便性，但从整个国际私法的实践以及各国对位于本国境内的不动产的特殊的主权观念，对涉外非婚同居财产关系中的不动产要抛弃不动产所在地法，却与其他动产一样统一适用同一个准据法，可以说在一个相当长的时期内是不现实的。因此，本书认为，对于涉外非婚同居财产关系的法律选择，对动产与不动产进行区分的分割论仍然有其现实意义。当然，我们也不应僵硬地固守分割论在目前的价值而放弃追求统一论这一更加简便的法律适用规则的价值。但前提是要所有国家都能认识到这一点，并对外国有关判决涉及本国境内不动产时，尽量

---

❶ 焦燕. 婚姻冲突法问题研究[D]. 武汉大学,2005:145 - 146.

❷ 焦燕. 论涉外夫妻财产制的法律适用[J]. 江苏行政学院学报,2007(6).

❸ 参见海牙《夫妻财产制法律适用公约》[Z]. 第6条.

予以国际协作。[1] 很显然，这一过程必是漫长的。另一方面，对于涉外非婚同居财产关系法律适用分割论中的动产的准据法选择问题，鉴于同居财产中动产与非婚同居双方身份的强烈依附性，所以，不论动产位于几个法域之中都统一适用同一个准据法自然是合理的。但笔者认为，这种法律选择不应该仅仅限制在双方共同的属人法或者其他之上。因为这种规定又回到了传统冲突规则的僵硬与机械上。所以，对于同居财产中的动产的准据法选择，也应该在最密切联系理论的指导下采用一个开放、灵活的体系。承前所述，这个体系不仅可以包括双方共同的属人法，还可以包括双方合意选择的法律、共同住所地国法（惯常居所地国法）、财产所在地国法以及法院地国法等多个选项。[2]

二是关于非婚同居中涉及第三人权益的外部财产关系的问题。一般说来，在涉外非婚同居财产关系当中，同居者之间在财产权属、管理以及财产分割方面不会涉及他人，属于比较单纯的内部私人财产关系；但同居者在财产处分方面却往往会涉及第三人利益。在此，笔者主要就非婚同居者的内部财产关系与涉及第三人权益的外部财产关系的准据法选择问题进行简要的分析。在涉及第三人的民事法律关系中，基于秩序与安全的法价值，对第三人的合法权益予以保护在私法制度中早已经成为一项普遍性原则而在众多私法领域都有体现。因此，在涉外非婚同居财产关系的法律适用中，一旦涉及第三人权益的外部财产关系时，究竟如何选择准据法，或者说，将同居一方与第三人的外部财产关系与涉外非婚同居者内部财产关系统一适用相同的准据法，还是将这两个问题分割进行准据

---

[1] 焦燕．婚姻冲突法问题研究[D]．武汉大学,2005:150.

[2] 详见本书第四章第一节“涉外非婚同居财产关系冲突规范连接点的种类”部分关于连接点体系的论述。

法选择，这是我们需要探讨的问题。同样，我们也首先考察一下涉外婚姻财产关系中涉及第三人保护的法律适用规则。大多数学者认为，在单纯的夫妻财产关系中，可以将整个财产（至少是全部动产）统一适用同一个准据法（可能是夫妻双方合意选择的法律，也可能是夫妻双方的共同国籍国法、共同住所地国法等等）。但涉及夫妻一方与第三人进行交易时，一方面要避免夫妻双方通过合意选择准据法恶意损害第三人合法权益的情况发生；另一方面，苛求第三人去了解支配夫妻双方财产关系的准据法，在交易之前要求第三人对夫妻财产关系的整个法律适用情况作出准确的考察，这与市场经济的便利、快捷原则也是明显背离的，[1]而且对第三人而言也极不公正。因此，有学者认为，对于第三人而言，需要了解夫妻财产关系的情况和预测交易效力的只能是第三人能够合理预见的法律。因此，当夫妻财产关系问题单纯发生在夫妻内部时，应适用双方内部的准据法（可能是夫妻双方合意选择的法律，也可能是夫妻双方的共同国籍国法、共同住所地国法等等）；但因第三人权益而涉及夫妻财产关系问题时，则应适用物之所在地法。[2] 此外，也有国际私法实践将这一外部财产关系的准据法确定为当事夫妻一方当时的住所地国法律或者当事夫妻一方与第三人具有共同的惯常

---

[1] See Trevor, Hartley. Matrimonial(Marital)Property Rights in Conflict of Laws: A Reconsideration, in James Fawcett ed., *Reform and Development of Private International Law: Essays in Honor of Sir Peter North* [C]. Oxford, 2002: 233.

[2] 焦燕. 婚姻冲突法问题研究[D]. 武汉大学, 2005: 150.

居所地国的法律。❶ 从某种程度上来说，对如此复杂的安排提出质疑可以理解，但这毕竟是公正和法律价值平衡的必然要求。❷ 国际私法的立法实践也充分地反映了这一点。❸ 综上所述，笔者认为，基于法价值上的平衡和对善意第三人权益优先保护的考虑，以及借鉴涉外婚姻财产关系在该问题上法律适用的经验，非婚同居者的内部财产关系与涉及第三人权益的外部财产关系的准据法选择采用分割方法似乎更有必要。 这是因为，涉外非婚同居关系较之于涉外婚姻关系无论是在外观上还是在法律上都更具隐蔽性、松散性，所以涉外非婚同居财产关系中的第三人相对于涉外婚姻财产关系中的第三人要知晓非婚同居者内部财产关系的准据法几乎是不可能的。❹ 如果这时候还将涉及第三人利益的涉外非婚同居外部财产关系适用与非婚同居者内部财产关系相同的准据法，即非婚同居者合意选择的法律、惯常居所地国法律或者共同国籍国法律等等，对第三人而言当然极不公正，除非第三人知晓或者应当知晓该同居财产

---

❶ 如1989年《瑞士关于国际私法的联邦法》第57条第1款规定了适用法律关系产生时当事夫妻一方的住所地国法。另外，2004年《比利时国际私法》第54条则规定原则上适用夫妻财产关系的准据法，但当债务发生时，配偶与其第三方债权人在同一个国家具有惯常居所的，可以适用该惯常居所地国法。

❷ See Trevor, Hartley. Matrimonial (Marital) Property Rights in Conflict of Laws: A Reconsideration, in James Fawcett ed., *Reform and Development of Private International Law: Essays in honor of Sir Peter North* [C]. Oxford, 2002: 228.

❸ 如1896年的《德国民法典施行法》第16条，参见邹国勇译注. 外国国际私法立法精选[M]. 北京：中国政法大学出版社，2011：7.

❹ 可以想象，对于那些与非婚同居关系中的一方从事商事交易的第三人，大多都难以知道对方这种同居关系的存在而可能误以为交易对象是单身。

关系的准据法。❶

四、依有利于判决承认与执行原则选择准据法

在当代国际社会国家主权观念至上的大环境下，各主权国家都拥有独立的、至高无上的立法主权与司法主权。由此导致涉外民事案件的裁判在国外的承认与执行成为一个相对独立的问题。如此，涉外民事案件的最终解决、当事人合法权益的最终维护一定意义上就取决于判决在他国能否得到承认与执行。毋庸置疑，涉外非婚同居财产案件尽管是当代国际社会一种新型的涉外民事案件，但也无法逾越这一铁的规律。因此，基于涉外非婚同居财产纠纷解决的实效性，将依据有利于判决承认与执行原则的法律选择方法引入涉外非婚同居财产关系的准据法选择体系，具有重要的参考价值。

当前，国际私法的理论与立法实践中，一国对涉外民事案件所作出的判决被外国拒绝承认与执行综合起来主要有以下几个方面的原因：一是欠缺合格的管辖权；二是违背被请求国的公共秩序；三是欺诈或者违背自然公正的判决；四是非终局性判决；五是与被请求国的相关法律适用规则（或适用结果）相抵触的判决；等等。❷很显然，从准据法的选择方法角度来说，有可能影响涉外民事案件

---

❶ 采用类似规定的有2007年《立陶宛共和国民法典》第1.28条第3款、1989年《瑞士关于国际私法的联邦法》第57条、2005年《保加利亚共和国关于国际私法的法典》第81条关于夫妻财产关系准据法对第三人的条件的规定。参见邹国勇译注．外国国际私法立法精选[M]．北京：中国政法大学出版社，2011：51，153，230．

❷ 宣增益．国家间判决承认与执行问题研究[M]．北京：中国政法大学出版社，2009：第三章．

判决在国外承认与执行的原因主要是其中的第二点、第三点以及第五点。也就是说，在涉外民事案件准据法的选择中，有必要考察和分析：最终所适用的准据法是否可能与被请求承认与执行国家的公共秩序、强制适用的法等相抵触；最终所适用的准据法是否可能导致判决明显违背自然公正的司法价值；将来需要请求承认与执行判决的国家是否有法律选择方面的限制。在对涉外民事案件进行准据法选择的时候如果不考虑以上三个方面的因素，就有可能导致将来所作出的判决得不到被请求国的承认与执行。而这明显不利于涉外民事案件当事人纠纷的解决和权益的维护。

笔者认为，对于涉外非婚同居财产案件而言，将依据有利于判决承认与执行原则选择准据法的法律选择方法纳入该类财产关系的法律选择方法体系具有更加重要的意义。究其原因就在于，世界各国在伦理道德、文化以及经济社会发展水平方面存在重大的差异，从而导致各国法律对于非婚同居的规定更是千差万别，支持与承认者有之，未置可否者有之，直接否定者有之。[1] 可以说，正是因为非婚同居极具伦理道德概念，才导致在具体的涉外非婚同居财产纠纷案件中，当所作出的判决需要外国承认与执行时，很容易遭遇到别国道德、法律基本原则等公共秩序标准的障碍。因此，在对涉外非婚同居财产案件进行准据法选择的时候，有必要考察和深入分析最终所选定的准据法在该案件判决的承认与执行环节是否可能与相关国家的道德伦理、法律基本原则等公共秩序相抵触而不利

---

[1] 具体详见本书第一章与第二章的相关内容。

于案件的真正解决。❶ 同理，除了公共秩序这一障碍之外，涉外非婚同居财产案件的法律选择也更容易在自然公正的司法价值和法律选择限制方面❷遭遇较大的冲突，从而影响该类案件判决在外国的承认与执行。因此，法院在对涉外非婚同居财产关系案件进行法律选择的时候，应当依据有利于判决承认与执行原则，从以上三个方面进行细致的考察和比较，尽量避开不利于将来判决在相关外国承认与执行的法律的适用。综上所述，笔者认为，在涉外非婚同居财产关系的准据法选择方法体系中，依据有利于判决承认与执行原则选择准据法的法律选择方法应该具有它的一席之地。

第四节　涉外非婚同居财产关系准据法选择的其他问题

我们在上文系统地考察和研究了涉外非婚同居财产关系的准据法选择问题，分析了该类新型涉外民事关系的法律选择方法体系和冲突规范的构建问题。与涉外非婚同居财产关系法律适用相关的其他法律选择问题，我们将在本节作一必要的探讨。

---

❶ 其实，这种考察还可进一步细分：一种是被请求国的公共秩序保留针对判决本身而不考虑结果是否抵触；一种是被请求国的公共秩序保留仅仅针对判决的结果。作出这种细分后，更有利于将涉外非婚同居财产案件的准据法选择与判决在国外的承认与执行相衔接，从而最大限度保护案件当事人利益。

❷ 尽管很多学者认为这种拒绝承认与执行的原因不合理，但笔者认为，在涉及不动产时，被请求国要求外国判决所适用的法律与被请求国将要适用的法律相一致，即不动产所在地法，否则可能拒绝承认与执行外国判决，这种主张也具有合理性。

一、非婚同居关系本身的准据法选择问题

（一）同居关系在涉外非婚同居财产关系法律适用中的地位

我们前文考察和分析的涉外非婚同居财产关系准据法的选择，很显然是以涉外非婚同居关系确定存在作为前提的。也就是说，没有涉外因素的非婚同居关系的存在或者涉外非婚同居关系没有得到相关国家法律的认可，我们来谈涉外非婚同居财产关系的法律适用便成了无本之木，是有违该问题内在的逻辑顺序的。因此，涉外非婚同居关系的存在与否直接决定了涉外非婚同居财产关系准据法选择问题研究的必要性。

笔者在本书第二章中谈到，世界各国立法对于非婚同居关系在态度上存在重大的差别。有的国家（地区）完全不承认非婚同居关系的法律地位，如埃塞俄比亚、中国、美国的伊利诺伊州、佐治亚州和路易斯安那州等。在这些国家和地区中，法律不认为非婚同居者之间存在相互的权利、义务关系，也不承认非婚同居者对第三方的任何权利。而在大部分国家和地区中，不同程度地认可非婚同居关系，赋予非婚同居者一定限度的权利。而且在这些国家中，对非婚同居关系的认可程度又存在较大的差别。有些国家如荷兰、瑞典、丹麦、挪威等，将非婚同居视为家庭关系的新模式从而在其立法上有很多类似婚姻家庭关系的规定，一般来说，这些国家对非婚同居者权益的保护程度较高；有些国家如英国、美国、法国、加拿大、澳大利亚等，也将非婚同居视为一种新的同居模式，其立法赋予了非婚同居者一些权利，同时通过国内立法，对非婚同居关系作出了许多不同于婚姻关系的规定。而一些相对保守的国家，如德国，则只认可同性之间的非婚同居关系，其立法上将异性

同居关系仅仅局限于婚姻关系一种。❶ 由此可见，在具体的涉外非婚同居关系案件中，由于选择不同的准据法，可能会导致非婚同居关系是否被承认的差别，进而影响到非婚同居当事人之间的权利义务关系。因此，作为我们研究涉外非婚同居财产关系准据法选择的重要部分，非婚同居关系本身的准据法问题也具有十分重要的意义。

（二）非婚同居关系本身的法律适用

关于非婚同居关系本身的法律适用问题，笔者拟从形式要件和实质要件两个方面作一简单分析。关于非婚同居关系成立的形式要件，世界各国大体上采用了四种模式：等同于婚姻的同居登记制、区别于婚姻的同居登记制、等同于婚姻的同居不登记制和区别于婚姻的同居不登记制。采用第一种类型的有美国的佛蒙特州和加利福尼亚州、加拿大的魁北克省、荷兰、丹麦、冰岛、芬兰、德国、南非等国家和地区；采用第二种类型的有美国的夏威夷州和新泽西州、法国、比利时、西班牙等国家和地区；采用第三种类型的有丹麦、菲律宾等国家；采用第四种类型的有美国的华盛顿州、英国、加拿大普通法系地区、澳大利亚、新西兰、挪威、瑞典、日本等国家和地区。❷ 由此可见，世界各国对非婚同居关系是否成立存在四种差异化的形式要件，从而导致同一个非婚同居关系由于不同准据法的适用可能面临不同的命运。那么，对非婚同居关系的形式要件究竟该如何选择准据法呢？根据国际私法理论的发展趋

---

❶ 详见本书第二章第一节“涉外非婚同居财产关系法律冲突的主要表现”部分。

❷ 王薇. 非婚同居法律制度比较研究[M]. 北京：人民出版社，2009：357－370.

势，以及相关领域的立法实践，非婚同居关系的形式要件的法律适用，应该以行为地法为主，即非婚同居形式上是否成立应当以登记非婚同居关系所在地国的法律作为准据法，[1]至于无需登记的非婚同居关系，则宜采用同居所在地国家法律作为准据法。同时，鉴于国际私法理论中的既得权思想以及相关领域的立法实践，尽量使非婚同居关系不因为形式要件方面的瑕疵而无效，从而不至于将非婚同居当事人的利益置于无法律保护的境地也应该成为我们重点考虑的方面，这也是国际私法准据法选择中“有利原则”的体现。[2]

在非婚同居关系成立的实质要件方面，世界各国相关法律的规定更是千差万别。一般认为，非婚同居关系，应该包括有无同居能力（主要是成年以及无婚姻关系在身等条件）、有无同居持续时间条件、有无性别要求等方面。然而，每一项要件在不同国家的立法中差距甚远。如在同居持续时间条件上，丹麦的正式同居要求同居持续时间达到三年以上，西班牙对异性伴侣以及英国法律要求同居持续时间两年以上，菲律宾则要求同居持续时间达到五年以上，挪威的《联合家庭法》以及澳大利亚部分州虽然有同居持续时间要求，但无明确的时间限制；在性别要求上差异更大，有的国家（地区）只承认同性同居，如美国的佛蒙特州、冰岛、芬兰、德国

---

[1] 如1979年《奥地利共和国关于国际私法的联邦法》第27a条针对同性伴侣关系的要件，明确指出将非婚同居成立地国法律作为准据法。此外，在婚姻关系成立的形式要件方面，大部分国家都采用婚姻缔结地法作为准据法。

[2] 韩德培. 国际私法问题专论[M]. 武汉：武汉大学出版社，2004：21－22.

等，有的国家（地区）既承认异性伴侣同居，又承认同性伴侣同居。❶ 由此可见，如何认定非婚同居关系的存在，实质要件方面的标准有很大的差别，这时候准据法的选择就变得具有决定意义。笔者认为，对非婚同居关系的实质要件来说，准据法的选择一方面要遵循国际私法的基本理论，借鉴相关领域的做法，将非婚同居者双方共同住所地国法、国籍国法、非婚同居关系登记地国法等作为非婚同居关系实质要件的准据法。而且，鉴于尊重既得权的思想以及相关领域的立法实践，尽可能地选择相对宽松的使非婚同居关系得以成立的准据法，最大限度地维护非婚同居当事人的合法权益，也是我们选择非婚同居实质要件的准据法的重要参考。总之，无论是形式要件方面，还是实质要件方面，非婚同居关系本身的准据法选择，笔者认为，既要尊重国际私法的基本理论，又要从既得权理论以及“有利原则”出发，最大限度地维护非婚同居当事人的合法权益，力求做到尽量使非婚同居关系有效的法律得以适用。

二、非婚同居财产契约的准据法选择问题

在涉外非婚同居关系中，同居双方基于合意在同居开始前或同居期内就双方财产关系缔结同居财产契约，这个问题具有普遍性。如此一来，同居财产契约本身的诸多问题，比如契约的形式效力、实质效力、同居者的财产行为能力等应该由何种法律支配，便成了涉外非婚同居财产关系法律适用中需要解决的一个问题。

在此，我们有必要先来考察一下国际合同领域的法律适用理论

---

❶ 王薇. 非婚同居法律制度比较研究[M]. 北京：人民出版社，2009：468－473.

及相关实践。目前，世界各国在国际合同领域普遍受到了合同自体法理论的影响。《戴赛与莫里斯论冲突法》中规则145对合同自体法理论有系统表述："合同自体法"，是指当事人意欲适用于合同的法律，或者在当事人的意思没有表示，也不能根据情况作出推断时，指与交易有最密切、最真实联系的法律。分规则1：对于支配合同的法律，如果合同当事人用文字表达了意思，那么该明示意思原则上决定了合同自体法。分规则2：如果合同当事人关于支配合同法律的意思表示没有用言语表达出来，他们的意思表示应该从合同的条款、性质及案件的一般情况推断出来，该推断的意思表示即决定了合同的自体法。分规则3：如果合同当事人对支配合同的法律的意思表示没有明示，也不能从情况作出推断，那么合同与交易有最密切、最真实联系的法律支配。❶ 1980年罗马《合同之债法律适用公约》完全采纳了英国这一合同自体法理论，并在最密切联系原则基础上创新出特征性履行来平衡主观论与客观论的分歧，将特征履行方的惯常居所和主营业地推定为与合同有最密切联系的地方。❷ 然而，值得一提的是，《合同之债法律适用公约》明确指出，它所规定的基本方法不适用于与夫妻财产制有关的婚姻财产约定。❸ 至此，笔者不得不深思，上述在合同领域被奉为经典的合同自体法理论究竟能否适用于与夫妻财产契约相类似的非婚同居财产契约呢?

诚然，夫妻财产契约也好，非婚同居财产契约也好，由于其自

---

❶ 莫里斯. 戴赛和莫里斯论冲突法[M]. 李双元等译，北京：中国大百科全书出版社，1998：1114、1125、1131.

❷ 参见1980年罗马《合同之债法律适用公约》第3条、第4条。

❸ 参见1980年罗马《合同之债法律适用公约》第1条第2款第2项。

身所具有的身份性质而与普通的商事合同有本质的差别。❶ 通常情况下，后者在法律适用上几乎没有任何限制，1980 年《合同之债法律适用公约》正是因为赋予了合同当事人自主选择准据法的极大自由，因而慎重地将夫妻财产契约排除在外。因此，合同自体法理论总体上并不是因为身份性质而完全不能适用，而且当今世界各国也普遍承认这一点。❷ 英国学者戴赛、莫里斯等也认为："（1）婚姻财产合同的效力、解释与效果一般适用合同自体法；（2）婚姻财产合同的自体法就是婚姻住所所在地法律，除非存在相反的理由；（3）婚姻财产协议的当事方可以明示或默示地约定合同适用住所地法之外的法律。"❸从上述戴赛与莫里斯的论述中我们不难发现，具有人身性质的财产契约与普通的国际合同在合同自体法理论适用上并无本质区别，他们仅仅是将婚姻住所地法律直接作为与婚姻财产契约有最密切联系的法律而已。因此，笔者认为，对于涉外非婚同居财产契约本身而言，按照涉外合同法律适用的理论及实践，将非婚同居契约自体法作为其准据法是完全可行的。具体说来，我们首先应该考察非婚同居当事人双方是否在同居财产契约中有明示的或者能推定的意欲适用某一法律的合意，如果没有这种意思自治，那么就要考察与该特定的非婚同居财产契约有最密切联系的法律作为准据法。通常情况下，与涉外非婚同居财产契约有最密切联系的法律包括共同住所地国、惯常居所地国、共同国籍国等地的法律。

---

❶ 包括我国在内的许多国家在合同立法中都将涉及人身性质的契约与普通商事合同分开立法，如我国《合同法》第 2 条第 2 款之规定。

❷ 焦燕. 婚姻冲突法问题研究[D]. 武汉大学，2005：170.

❸ See Dicey and Morris. *the Conflict of Laws*[M](13th ed.), Sweet & Maxwell, Rule 149, 2000：1075.

另一方面，对于非婚同居财产契约的形式效力以及非婚同居者的缔约能力是否也应该由同居财产契约的自体法决定？由同居财产契约的自体法决定同居财产契约的形式效力以及非婚同居者的缔约能力对于当事人而言是否公正？这是我们需要继续探讨的问题。第一，我们来看非婚同居财产契约的形式效力问题。众所周知，世界各国立法对于合同的形式包括书面契约、口头契约以及其他形式；而且针对不同种类的合同，其形式要求也不一样；另外在是否需要登记方面也存在较大差异。由此，对于某一特定的非婚同居财产契约，很可能会因为适用不同国家的法律而造成合同效力的不同。那么，究竟应该采用何种准据法来判断非婚同居财产契约的形式效力呢？笔者认为，涉外非婚同居财产契约是非婚同居当事人双方选择非婚同居这一更加自由的同居生活模式的主要内容，是非婚同居者自主决定他们自己的财产关系的重要体现。因此，在非婚同居财产契约的形式方面，也适宜采取当代国际私法理论和实践的一般做法，即遵循尽量使合同有效的原则，使非婚同居财产契约尽可能有效的法律得到适用。具体说来，可以为非婚同居财产契约的形式效力问题设置一个选择性冲突规范，只需满足其中一个形式要件，就应当认定非婚同居财产契约在形式上的效力。当然，包括契约自体法、契约缔结地法、共同住所地国法、共同国籍国法等都可以成为这个选择性冲突规范中的系属。第二，我们来考察涉外非婚同居财产契约的缔约能力问题。对于非婚同居财产契约这类特殊的合同而言，当事人的缔约能力问题是否也应该采用普通涉外合同的法律适用规则，即为了维护交易的安全和法律行为的效率，当合同缔结地法或者合同自体法在缔约能力上与当事人的属人法矛盾时，往往会限制属人法的适用，从而尽量使当事人具有缔约能力？值得注意的是，在非婚同居财产契约中，非婚同居者的缔约能力，主要决定非婚同居当事人内部的财产契约效力，并不像普通商事合同那样对交易安全和商事效率产生重大影响。因此，笔者认为，在非婚同居财产契约缔约能力的法律适用上，应该注意到这一差别。故而笔者认为，一方面，我们应该看到普通商事合同缔约能力规则的合理性，因为它毕竟能够维护契约本身的严肃性和当事人的可预见性。所以在涉外非婚同居财产契约的缔约能力问题上，也应当在非婚同居当事人可预见的范围内尽量使当事人缔结的合同有效，以维护非婚同居当事人财产契约的严肃性和自主决定私人事务的权利。另一方面，我们又应该看到涉外非婚同居财产契约与普通商事合同的差别，因而应该赋予非婚同居者因无缔约能力去主张合同无效以更大的空间。❶ 但这种因欠缺缔约能力主张非婚同居财产契约无效的权利不能滥用，应该得到一定的限制，至少这种欠缺缔约能力的判断必须是来自与当事人有最密切联系的国家的法律。这也是对另一方同居当事人最起码的公正。非婚同居财产契约无论是缔结本身还是契约目的都是指向同居生活的，因此，笔者认为，非婚同居双方当事人的共同住所地国（惯常居所地国）一般可认为是与非婚同居财产契约有最密切联系的国家。

---

❶ 相似的立法如2001年《立陶宛共和国民法典》第1.17条规定："1.自然人，只要其依照法律行为实施地法具有行为能力，则不得依照其固定住所地法援引自己无行为能力；但另一方合同当事人依照该人曾经的固定居住地国法规定已知或理应知道其无行为能力的除外。2.家庭、继承以及物权事项，不适用本条第1款之规定。"1989年《瑞士关于国际私法的联邦法》第36条、1999年《斯洛文尼亚共和国关于国际私法与诉讼的法律》第13条、2005年《保加利亚共和国关于国际私法的法典》第50条、2007年《马其顿共和国关于国际私法的法律》第15条等也有类似规定。

三、连接点变迁的准据法选择问题

在涉外非婚同居财产关系的准据法选择问题上，还有一个需要我们引起高度重视的问题。那就是，当涉外非婚同居财产关系中的连接点在同居期间发生改变的情况下，该涉外非婚同居财产关系的准据法是否需要随着连接点的改变而改变？这一问题对于涉外非婚同居财产案件最终适用何国法律作为准据法具有重大影响，因而是涉外非婚同居财产关系准据法选择中又一个必须探讨的问题。

在涉外非婚同居关系持续期间，可能改变的连接点主要有以下三个：一是同居当事人双方对自己选择准据法的合意的改变；二是非婚同居者共同住所地（惯常居所地）由一国迁往另一国；三是同居当事人的共同国籍国发生变更的情况。对于第一种情况而言，一般认为，非婚同居当事人通过自己的主观意愿改变准据法选择的合意，其实质就是当事人在意思自治基础上形成新的合意，其本身也是意思自治的体现。所以，世界各国立法实践几乎都承认在这种情况下应该尊重当事人的意思自治，适用意思自治变更后的准据法，除非这种改变法律选择合意适用新的准据法具有不正当目的。❶ 因此，在涉外非婚同居财产关系连接点改变的情况下，我们对非婚同居当事人双方改变准据法选择合意的情况也不作继续的探讨，即原则上也应该适用意思自治变更后新选择的准据法。

在探讨涉外非婚同居财产关系连接点改变导致的准据法选择问

---

❶ 如2005年《保加利亚共和国关于国际私法的法典》第93条第4款规定：“当事人可以随时协议合同受此前所选择的法律以外的另一国法律支配。合同订立后变更准据法的，不得影响第98条意义上的合同形式有效性以及第三人权利。”转引自邹国勇译注．外国国际私法立法精选[M]．北京：中国政法大学出版社，2011：234.

题之前，我们有必要对准据法的可变理论与不可变理论作一简单的交代。所谓不可变理论（也有学者称其为准据法恒定论❶），是指准据法一旦经过连接点的指引得以确定之后，就不再因连接点的变更而改变，即仍然适用按照之前的连接点所确定的准据法。在国际私法实践中，法国、英国以及日本等国的相关法律中都有采用不可变理论的情况。在英国著名学者戴赛所代理的 De Nicols v. Curlier 一案中，英国法官最终认为，夫妻财产制不因婚姻住所地的变迁而改变，该案中当事人的婚姻住所地原来在法国，因此，法国法作为夫妻双方财产关系的准据法不仅要适用于当事人在法国生活期间的财产，也适用于移居英国后新获得的财产。这是奉行不可变理论的一个典型案例。❷ 后来，戴赛和莫里斯在其名著《戴赛和莫里斯论冲突法》中的规则 150 中的阐述“婚后婚姻住所的变迁并不因此而改变夫妻对于对方财产的权利”就是对该权威案例所奉行的不可变理论的概括表述。❸ 所谓可变理论，是指准据法可以随着涉外民事关系中连接点的变更而变更，即适用按照新的连接点所确定的新的准据法。在国际私法实践中，很多国家的立法也采纳了这一理论。如日本法例中对动产物权、婚姻效力、扶养义务、父母子女关系等都允许采用可变连接点；英国则将动产所在地、自然人国籍、住所以及居所等视为可变连接点；此外，1989 年生效的《瑞士关于国际私法的联邦法》第 55 条和 2007 年《土耳其共和国关于国际私法与国际民事诉讼程序法的第 5718 号法令》第 3 条也

---

❶ 焦燕．婚姻冲突法问题研究[D]．武汉大学，2005：152－160．

❷ 焦燕．婚姻冲突法问题研究[D]．武汉大学，2005：154－156．

❸ See Dicey and Morris. *the Conflict of Laws* [M] (13th ed.), Sweet & Maxwell, Rule 150, 2000：1079.

采用了准据法的可变理论。❶

准据法不可变论的理论基础在于，不可改变的准据法是当事人双方默示选择的结果，因而也应该和明示选择的准据法一样都不能改变。20世纪以来，这一理论基础被大大动摇，主流的观点转而将其看作是法律自身运作的结果。德国学者萨维尼也认为，默示合同的一般假定是没有根据的。❷而可变理论则是立足于当代社会现实，尊重涉外民事关系当事人自由改变生活场所尤其是住所地的权利。因此，适用于涉外民事关系的准据法应该是与当事人和案件当时具有最密切联系的准据法，而不是可能已经没有任何实际意义的曾经的甚至是几十年前的法律。所以说，可变理论由于强调了涉外民事关系与某一地域法律（准据法）之间内在实质联系的动态性，因而更符合连接点的本质特征。因此，在涉外婚姻财产关系以及与之相似的涉外非婚同居财产关系中，关于连接点的变更所导致的准据法变迁问题，种种趋势表明采用可变理论更为合理。

需指出的是，可变理论长期以来受到诟病的是它的稳定性、当事人的可预见性及可能出现的法律规避问题。因此，笔者认为，在采用可变理论的基础上，有必要对其进行必要的限制：首先，对于借改

---

❶ 1989年《瑞士关于国际私法的联邦法》第55条:1.夫妻双方将其住所从一国移至另一国时,应适用新住所地国家的法律且其效力追溯至结婚之时。夫妻双方可通过书面形式约定排除该追溯力。2.如果夫妻双方以书面形式约定仍适用先前的法律或者在他们之间存在婚约时,则住所的变更对应适用的法律不具有任何效果。2007年《土耳其共和国关于国际私法与国际民事诉讼程序法的第5718号法令》第3条:在根据国籍、住所或者惯常居所决定准据法的情况下,如果无相反规定,则依起诉时的国籍、住所或者惯常居所为准。

❷ ［德］萨维尼.法律冲突与法律规则的地域和时间范围[M].李双元等译,北京:法律出版社,1999:179.

变连接点以达到规避法律目的的任何行为都应该受到限制，应该否定其准据法可变的主张。这一点也早已为国际社会所认可。其次，对于改变住所地导致非婚同居财产关系准据法变迁的情况也要作具体分析。一是为了保持非婚同居财产关系准据法适用的相对稳定性以及对非婚同居当事人双方的平等考虑，对任何一方同居者在另一方反对的情况下单方面改变共同住所以实现非婚同居财产关系准据法变迁的情况不能支持。❶ 二是考虑到国际私法的实体价值取向，为了保护非婚同居关系中弱势地位的一方，对于那些改变准据法明显损害弱势一方合法权益的情况，也不宜采用可变理论。三是当非婚同居住所地变更导致准据法变迁，但一方非婚同居者确实能够举证证明财产来源，适用新的准据法明显不公平的，笔者认为可考虑采用不可变理论而适用原来的准据法。❷ 最后，对于涉外非婚同居财产关系是以共同国籍国法作为准据法的情况，如果同居当事人双方变更了共同的国籍从而有了新的共同国籍国，笔者认为也可采用可变理论。❸ 除非所争议财产确实与原国籍国法有更密切联系，或者有其他必须适用原国籍国法的情况。

---

❶ See Cheshire and North. *Private International Law* [M] (13th ed.) Butterworths, 1999:1021.

❷ 类似情况参见美国夫妻财产关系中财产溯源规则。美国各州冲突法通常规定夫妻财产中的不动产适用不动产所在地法，但不动产所在地法的例外和限制是溯源规则，依据该规则，用于购买土地的夫妻财产在购买土地之后的权属关系不发生变化，仍归原所有人所有。典型案例有新墨西哥州的 Hughes V. Hughes. See Eugene F. Scoles & Peter Hay. *Conflict of Law* [M] (2nd ed.), West Publishing, 1992:471-472.

❸ 如2007年《土耳其共和国关于国际私法与国际民事诉讼程序法的第5718号法令》第3条规定：在根据国籍、住所或者惯常居所决定准据法的情况下，如果无相反规定，则依起诉时的国籍、住所或者惯常居所为准。

第五章　我国涉外非婚同居财产关系的准据法选择

随着全球社会经济的不断发展和我国社会经济的不断开放，近年来，我国已经成为世界上最大的移民输出国和重要的移民输入国。因此，随着我国国民对婚恋家庭观念的日渐开放，可以预测，在不久的将来，我国的涉外非婚同居必将成为社会生活中一个不容忽视的社会现象。基于此，在加强对国内层面非婚同居进行法律规制的基础上，如何应对和解决涉外非婚同居所带来的法律冲突，如何对我国涉外非婚同居财产关系准据法进行选择是我们国际私法学界不得不认真考虑的一个课题。

一、依"管辖权处理方式"确定准据法在我国的应用

如前所述，依"管辖权处理方式"确定准据法操作简便，法院地法的适用也一定程度上兼顾了最密切联系原则对案件与准据法之间的密切联系要求，有时还可能成为国际私法实现法的正义价值的补充和矫正手段，更为重要的是它强化了本国法院对适用法院地法的效果，因此，这种准据法的确定方式始终会有其存在

的价值。在我国涉外非婚同居财产案件准据法的选择机制中，“依管辖权的处理方式”确定其准据法方式也具有不可忽视的价值。

(一)不宜直接将法院地法确定为涉外非婚同居财产案件准据法

直接将法院地法确定为我国涉外非婚同居财产关系的准据法是否必要？本书认为，应该从以下几个方面分析之。第一，从我国国际私法的立法体系和立法经验看没有必要。应该说，我国的国际私法经历了这么多年的发展，在理论与实践上都已经基本与世界接轨，因而我国国际私法在准据法选择方面，并未特别突出强化我国法的适用。除非是涉及我国国家安全、重大经济利益、社会公共利益或人民根本利益的领域，才会有直接适用我国法之必要。虽然我国《涉外民事关系法律适用法》第4条有规定：“中华人民共和国法律对涉外民事关系有强制性规定的，直接适用该强制性规定。”但是，涉外非婚同居财产纠纷属于比较纯粹的私人财产权益纠纷，故一般不会涉及上述重大利益，在非婚同居领域，目前更没有关于此类问题的强制性规定，[1]因而在此问题上也就没有直接适用法院地法（我国法）的必要。第二，从国际私法理论看也无必要。关于将法院地法（我国法）作为我国涉外非婚同居财产关系准据法在国际私法理论上的必要性问题，主要有这么两个方面的理由。一是基于公共秩序保留是否需要直接适用我国法。首先，非婚同居无论是从立法上还是从实践中都没有为我国法律所禁止，随

[1] 对非婚同居关系的直接强制性规定，目前我国法律中确实没有。我国婚姻家庭领域的确有一夫一妻、婚姻自由、计划生育等一些强制性规定，但本书所讲的非婚同居财产关系本身都不会与这些强制性规定相抵触。

着国人观念的变迁，非婚同居本身也不至于与我国基本道德伦理相违背，❶所以说，通过冲突规范指引适用外国法不仅不会与我国公共秩序相抵触，还有利于维护我国非婚同居当事人的合法权益。其次，即使是适用外国法的非婚同居相关规定中有部分内容与我国法律的基本原则等相违背，也不宜排除该外国法而直接适用我国法；即使基于此种情况要适用法院地法（我国法），也应该将其作为我国涉外非婚同居财产关系准据法确定的一种补充规则。二是基于案件与我国的最密切联系是否需要直接适用我国法。首先，这种最密切联系也不必然导致一定要适用法院地法（我国法）。这是因为，在当今涉外民事关系准据法选择机制中，最密切联系往往是作为依“冲突法处理方式”确定准据法的一个十分重要的连接点，而且这一连接点的发挥作用一般也不是第一顺位的，最密切联系通常都是在若干个明确的连接点之后，作为调和准据法选择机制过于僵化的重要举措。结合我国非婚同居立法的具体情况，通过这种最密切联系而适用法院地法（我国法）的概率微乎其微。其次，从我国目前的相关法律规定看，我国法律一方面未禁止非婚同居，另一方面又缺乏调整非婚同居关系的具体法律规定。通过冲突规范指引适用外国法，不仅有利于维护非婚同居当事人的合法权益，有利于同居者之间遵守和履行相互之间的承诺，利于纠纷的解决，尤其是对我国国民与外国国民之间在我国境内外的非婚同居关系而言，更具不可或缺的保护意义。因此，强化法院地法（我国法）的适用并无必要。

---

❶ 非婚同居财产关系中即使可能出现以性为对价的契约关系等，但是这样直接以性为对价的契约在任何现代国家都不会得到承认，因此，没有必要担心这样的法律冲突。

(二)将法院地法作为确定涉外非婚同居财产关系准据法的补充

尽管我国在解决涉外非婚同居财产案件中不宜基于管辖权而直接适用法院地法，但本书认为，法院地法的适用在我国涉外非婚同居财产关系准据法选择机制中还是具有重要的补充意义。这种重要补充地位同样应该体现在以下两个方面：一是将法院地法（我国法）作为我国涉外非婚同居财产关系准据法选择机制形式上的补充。结合我国的非婚同居立法实际，具体说来应包括这么几种情况：连接点不周延无法指引准据法的，可适用法院地法；指引的外国法无法查明或者指引的外国法中没有相关规定的，且无法通过其他连接点确定准据法的，可适用法院地法；基于公共秩序保留原则排除应适用的外国法后，也无法通过其他连接点确定准据法的，可适用法院地法。二是将法院地法（我国法）作为我国涉外非婚同居财产关系准据法选择机制实现矫正正义的补充。应该说，一般的准据法选择机制并不必然能保障每一个涉外民事案件法律适用的正义性。因此，从整体上说，适用法院地法有时可以作为实现矫正正义的手段，尽管从我国现阶段涉外非婚同居财产关系立法看这种概率可能很小。但是，在诸如相关外国法作为准据法，但该外国法明确禁止非婚同居或者明确不利于对非婚同居关系中弱者一方的保护时，适用法院地法（我国法）似乎更有利于涉外非婚同居财产纠纷的解决和矫正正义的实现。[1]此外，适用法院地法（我国

---

[1] 如最高人民法院《关于人民法院审理未办结婚登记而以夫妻名义同居生活案件的若干意见》第8条“人民法院审理非法同居关系的案件，如涉及非婚生子女抚养和财产分割问题，应一并予以解决。具体分割财产时，应照顾妇女、儿童的利益，考虑财产的实际情况和双方的过错程度，妥善分割”之规定。

法）在对善意第三人利益等优先法益进行保护方面也具有类似价值；等等。

二、依“冲突法处理方式”确定准据法在我国的应用

在整个涉外非婚同居财产关系准据法选择机制中，依“管辖权处理方式”确定准据法即法院地法毕竟只适用于部分情况，无论从哪个角度讲它都不是选择准据法的主流方法。而通过冲突规范的指引，以“国际社会本位理念”为指导，选择与案件具有内在实质联系、最合适的国家的法律作为准据法即依“冲突法处理方式”确定准据法的方式才是当前涉外非婚同居财产关系准据法选择机制最核心的部分。在此，我们有必要将上文所论及的各种准据法选择方法结合晚近国际私法关于法律选择理论的一些新的发展趋势、结合我国涉外非婚同居财产关系法律调整的自身情况，进行必要的选择与优化。

（一）各准据法选择方法的评价

前文笔者简要论述了涉外非婚同居财产关系的几种法律选择方法，应该说，上面的每一种法律选择方法对于涉外非婚同居财产关系而言都是有价值的。但这并不等于说，针对一个具体的涉外非婚同居财产案件的法律适用问题，法院在选择准据法的时候，都要同时用到上述四种法律选择方法。因此，笔者在这个部分重点对上述四种准据法选择方法予以一一评价。

首先，我们来看依当事人意思自治决定准据法的选择方法。涉外非婚同居当事人通过双方之合意选择准据法，不论是从意思自治原则本身的发展趋势来讲，还是从涉外非婚同居财产关系产生和存在的社会、经济以及道德伦理背景来讲，依当事人意思自治决定

准据法的选择方法都最具合理性。另外，从实践层面来讲，意思自治的准据法选择方法还具有以下几大优势：一是非婚同居当事人之间的财产关系在现阶段仍处于空白或者模糊的境地，它不像婚姻关系那样在世界各国基本上形成了几种主要的夫妻财产制，所以，通过同居当事人双方之间的合意来约定财产关系和选择准据法有效弥补了这一不足，简化了法律冲突解决的过程。二是在涉外非婚同居财产关系的众多连接点（共同住所地、惯常居所地、共同国籍国、财产所在地等）中，不同国家对这些连接点的不同采纳都具有相对合理性，实践中这种冲突规范的难以调和，就有可能由于不同国家法院的管辖而导致同一案件不同的判决结果，依非婚同居当事人意思自治决定准据法的选择方法恰好解决了这一问题。三是当涉外非婚同居财产关系中的连接点发生改变时，往往导致究竟应该适用连接点改变之前的准据法还是顺应连接点改变之后的准据法的立法和司法的分歧，而依非婚同居当事人意思自治决定准据法的选择方法能够有效避免该矛盾，不管连接点是否改变，涉外非婚同居财产关系都可以继续适用双方合意选择的准据法。因此，依当事人意思自治决定准据法的选择方法对于涉外非婚同居财产关系而言，应当是最具价值的。所以我国在对涉外非婚同居财产关系的法律适用进行立法时，宜按照这一法律选择方法，将涉外非婚同居财产关系依同居当事人之合意选择的准据法作为冲突规范的首要规则。

其次，依最密切联系原则决定准据法的选择方法，在涉外非婚同居财产关系的法律适用上，尤其是在同居当事人没有就同居财产关系形成准据法选择合意的情况下，具有十分重要的地位。承前所述，最密切联系原则在国际私法中具有重大的理论意义。实践层面，该法律选择方法不仅能够指导各国立法制定具体的层级化的冲突规则体系，还可以直接作为冲突规范中的兜底条款以增强准据法选择的灵活性和周延性。所以说，这种法律选择方法及其包含的冲突规则的制定方法既能最大限度地架构起涉外非婚同居财产关系和一定地域的法律（准据法）之间的内在实质联系，最大限度地反映冲突规范指引最应当适用的法律这一宗旨与目标；又顺应了当代国际私法关于法律选择的确定性与灵活性的规则加方法的发展趋势；顺应了国际私法由单纯的“冲突法正义”向“冲突法正义”与“实体法正义”相结合的发展方向。因此，我国在进行涉外非婚同居财产关系的国际私法立法时，有必要采用最密切联系的原则，并将该法律选择方法引入到涉外非婚同居财产关系的冲突规范之中。至于依最密切联系原则设置层级化的连接点体系时，由于涉外非婚同居财产关系本质上毕竟属于一种民事财产关系，因而其与非婚同居当事人的生活中心（共同的住所地）有更密切的实质联系，同居当事人处理财产关系的地方同时也是以第三人为代表的整个社会的可预见性与正当期望所维系的地方，这就要求我们将共同的住所地这一连接点放在第一顺位。❶ 依次可以考虑惯常居所地、共同国籍国、主要财产所在地等其他连接点。

再次，关于依分割方法决定准据法的选择方法，在涉外非婚同居财产关系的准据法选择机制中也应该有所体现。尽管从涉外民事关系法律适用的发展趋势看，应当尽量减少法律选择的分割方法，但对于涉外非婚同居财产关系而言，考虑到目前的国际私法实践，以及判决在将来的承认与执行问题，在涉及非婚同居当事人之间的不动产纠纷时，恐怕还得照顾到不动产所在地法在相关财产上

---

❶ See Lennart Palsson. *Rules, Problems and Trends in Family Conflict of Laws – Especially in Sweden* [C]. 210 Recueil des cours 313, 1986: 385 – 386.

的适用。同时，为了维护市场交易秩序与交易安全，保护第三人对其与非婚同居者一方交易行为的合理的法律预期，在涉及第三人财产关系和同居者内部财产关系之间，可能需要分割适用不同的准据法。笔者认为，这时，物之所在地法、当事同居者的住所地法或第三人与当事同居者有共同国籍（共同住所地国）的国家的法律等都可以作为该涉及第三人外部财产关系的准据法。当然，这种分割适用应当以第三人不知晓或不应当知晓非婚同居当事人双方财产关系的准据法为前提。

最后，依有利于判决的承认与执行原则决定准据法的选择方法，由于对涉外民事关系案件的最终解决，对涉外民事关系案件当事人权益的维护具有决定性意义，因而在涉外民事关系准据法选择机制中予以充分考虑也是必要的。具体到涉外非婚同居财产关系案件，由于该类案件本身的特殊性以及世界各国在该类案件的态度上差异颇大，所以不可避免地给该类案件判决的承认与执行造成很大的障碍。如果法院在选择涉外非婚同居财产关系准据法时，不考虑将来判决的承认与执行，显然不利于纠纷的最终解决和国际私法宗旨的实现。所以，不论采取何种形式，在涉外非婚同居财产关系准据法的选择过程中，都应该充分考虑有利于判决的承认与执行这一原则。

（二）各准据法选择方法的优化与平衡

涉外非婚同居关系是随着当代经济、社会、伦理道德与文化等因素的综合作用才逐渐出现的一种新型涉外民事关系。目前，这种新型民事关系由于符合了当代人对自由、无拘无束的同居家庭生活的追求，因而这种民事关系的重心主要集中于财产领域。所以，涉外非婚同居财产关系的准据法选择，便是解决涉外非婚同居关系的第一要务。但是，非婚同居者之间的这种财产关系又是附属于非婚同居“身份”关系的前提下，所以这种财产关系既与涉外婚姻中的财产关系有明显的不同，更与普通的涉外契约财产关系有本质之别。再加上目前国际私法中对涉外非婚同居财产关系的法律适用的研究以及相关立法实践都极为缺乏，由此导致涉外非婚同居财产关系的准据法选择不是一个简单的问题。经过前文的研究，笔者认为，对涉外非婚同居财产关系准据法选择进行深入系统研究颇有必要；而且在该类财产关系的准据法选择上，应当综合分析各种因素，充分借鉴相关领域法律选择的经验，并紧紧把握法律选择理论与实践发展的方向。在此基础上，笔者提出并分析了上述选择涉外非婚同居财产关系准据法的诸种方法。在这个问题上，笔者认为，一方面，涉外非婚同居财产关系的法律选择方法与法律选择规则不应该是分割和对立的，相反，两者应该是相互一致和互相融合的。法律选择方法中本身包含着规则，而这些规则又是对法律选择方法的具体体现。另一方面，具体到涉外非婚同居财产关系法律选择的诸种方法上，笔者认为应当作出如下取舍和优化。第一，依当事人意思自治决定准据法的选择方法，由于符合了当代涉外民事关系法律选择理论与实践的发展趋势，真正反映了非婚同居当事人对自由同居模式的追求和自己处理自己事务的权利，因而应当优先考虑，并将这一法律选择方法体现到具体的冲突规则当中。第二，依最密切联系原则决定准据法的选择方法，由于它能够最好地在涉外民事关系与某一地域法律（准据法）之间构建内在实质联系，因而是当代国际私法理论与实践中最重要的法律选择方法之一。涉外非婚同居财产关系的准据法选择问题自然也离不开最密切联系原则的应用，尤其是在非婚同居双方没有形成准据法选择合意的情况下。并且最密切联系原则不仅本身直接可以作为法律选择方法规定在冲突规范当中，而且各国国际私法立法都应该按照最密切联系原则来构建具体的层级化的冲突规范体系。第三，除上述两种准据法确定方法之外，依分割方法决定准据法的选择方法，在涉外非婚同居财产关系的法律选择体系中也具有一定的地位。当然，这种分割方法不宜扩大使用，而应该尽可能地限制。因为分割论毕竟不符合法律冲突解决日益简单化的发展趋势。所以，在涉外非婚同居财产关系准据法选择中，目前可以将涉及不动产和第三人利益保护两个领域分割出来，采用与非婚同居双方内部财产关系不同的准据法选择规则。第四，依有利于判决的承认与执行原则决定准据法的选择方法，在涉外非婚同居财产关系的法律选择方法体系中，虽然不宜作为一个单独的法律选择方法直接规定在涉外非婚同居财产关系的法律选择规则中，但有利于判决的承认与执行原则对于涉外非婚同居财产案件的法律选择尤其具有实践价值。所以笔者认为，这一原则也应该纳入涉外非婚同居财产关系法律选择方法体系中予以重要考虑的因素之中。总之，涉外非婚同居财产关系属于一种新型的涉外民事关系，故在其准据法的选择机制上，宜采用多样化的法律选择方法，在设计其冲突规范时，应该充分结合该类涉外民事关系自身的特殊性，将影响其法律选择的重要因素都考虑进去。

与此同时，依“管辖权处理方式”将法院地法作为准据法的法律选择方式对于依“冲突法处理方式”确定涉外非婚同居财产关系准据法的诸种方法具有平衡价值。通过冲突规范确定准据法虽然是涉外非婚同居财产关系准据法选择机制的核心，但它并不一定是唯一的、最好的途径。因此，当有必要按照“管辖权处理方式”确定法院地法作为涉外非婚同居财产关系的准据法时，适用法院地法较之于依冲突规范指引准据法具有后者无可比拟的简便性；同时，当适用冲突规范指引的准据法可能出现有违公平与正义的法价值、与法院地国公共秩序相抵触或者冲突规范本身不周延时，依“管辖权处理方式”确定的准据法（法院地法）又能起到矫正和补充作用。

总之，笔者认为，在国际私法的立法实践中，这两种准据法确定方式的运用并非割裂的，更不是完全对立的，甚至有可能出现你中有我、我中有你的局面，因此上述两种准据法选择方式应该尽可能合理配置。

三、我国涉外非婚同居财产关系准据法选择的立法建议

承前所述，近年来，随着我国社会经济的不断发展、随着西方自由与婚恋观念的影响，涉外非婚同居关系作为一种新型涉外民事关系，它在我国必将呈现出与涉外婚姻关系一样的迅速发展趋势。基于此，我国立法如何应对涉外非婚同居财产关系法律冲突的问题已经提上日程。同时，随着2010年《涉外民事关系法律适用法》的出台，我国对涉外婚姻关系准据法选择的需要已经基本得到满足。那么是否可以直接用我国《涉外民事关系法律适用法》中调整涉外婚姻财产关系的准据法选择规则解决我国的涉外非婚同居财产法律冲突？关于此，本书在前面章节中已经大量阐释，由于涉外婚姻与涉外非婚同居在性质上有根本的不同，因而将二者忽视差异完全等同起来采用一模一样的准据法选择机制是不科学的。在我国国际私法没有明确规定的情况下，我国国际私法实践中解决涉外民事关系法律冲突还有一个途径，那就是依照与相关国家的条约或互惠关系解决法律冲突。但明显的是，由于我国目前并无调整非婚同居关系的具体立法，故而更不可能存在关于非婚同居关系的

条约或互惠关系。综上，要解决我国涉外非婚同居财产关系法律冲突问题，必须另起炉灶。

（一）立法指导思想

涉外非婚同居财产关系作为国际私法调整的一个新领域，创新和建构这一新型涉外民事关系的准据法选择机制并不是一个简单的问题。因此本书认为，要对我国的涉外非婚同居财产关系准据法选择进行立法，应该以下列几点作为指导思想。

一是非婚同居财产关系自身的特殊性是建构涉外非婚同居财产关系准据法选择机制的大前提。首先，非婚同居现象是随着经济、社会、文化、道德伦理观念等的变化而出现的一种世界性现象。正是因为非婚同居已经发展为一种普遍的社会存在，并且非婚同居的出现是上述诸因素共同作用的结果，所以，一方面各国需要也应当为涉外非婚同居关系法律冲突在立法上提供解决路径；另一方面，各国在建构涉外非婚同居关系准据法选择机制时应立足于它的产生背景，紧密结合涉外非婚同居财产关系自身的特殊性。其次，非婚同居日渐成为与婚姻家庭并驾齐驱的新型家庭模式。这种发展趋势一方面要求我们将国际私法对涉外非婚同居财产关系的调整定位在与涉外婚姻平行的层面；同时我们在对涉外非婚同居财产关系建构准据法选择机制时，必须深入理解非婚同居关系较之于婚姻关系所表现出的重要差异，即非婚同居关系所表现出来的身份上的非严格性和财产上的松散性（这种相对于婚姻关系更大的自由是非婚同居关系的本质所在），因而，在建构涉外非婚同居财产关系准据法选择机制时必须反映这种差异。综上，在对我国涉外非婚同居财产关系进行立法时，既要考察和借鉴与涉外非婚同居财产关系具有相似性或关联性的涉外婚姻财产关系以及涉外契约财产关系等领域的经验和做法；又要融合国际私法在准据法选择理论上晚近以来的一些新发展；然后在此基础上，深入分析涉外非婚同居这一新型涉外民事关系自身的特性，重视这类涉外民事关系法律适用中的特殊因素，将这些自身的本质的东西融入准据法选择机制之中。

二是要坚持准据法选择机制的系统性和开放性，这是当代国际私法立法必须注意的技术性问题。晚近以来，不论是国际私法的理论还是国际私法的立法实践，都呈现出明显的系统性、开放性特征。单一的连接点、僵化封闭的冲突规范都会给准据法选择造成不周延或者不合理。因此，作为应对未来可能大量出现的涉外非婚同居财产关系法律冲突的国际私法立法，我们一定不能囿于相关领域现有的冲突规则和法律选择方法，而应高瞻远瞩，在把握当代国际私法准据法选择发展趋势的基础上，大胆创新和建构涉外非婚同居财产关系准据法的选择机制。主要注意如下几个方面：其一，不能将涉外非婚同居财产关系的法律选择方法与法律选择规则分割和对立。相反，两者是相互一致和互相融合的。法律选择方法中本身包含着规则，而这些具体的规则又是对方法的体现。其二，要考虑对连接点的科学选择。涉外非婚同居财产关系不能采用传统的单一连接点的僵硬模式（直接采用最密切联系地这一十分弹性的单一连接点，从理论和实践看也是不合理的），而应该采用复数连接点，并按照我国的法律传统，构建出一个开放灵活周延的连接点体系。一般可按照当事人双方之合意、住所地（尤其是同居住所地、惯常居所地）、国籍、主要财产所在地、其他最密切联系地的顺位建构连接点体系。其三，要考虑各准据法选择方法的顺序与体系问题。本书认为，依当事人意思自治决定准据法的选择方法应当优先考虑，并将这一法律选择方法体现到具体的冲突规则当中；依最密切联系原则决定准据法的选择方法，则是涉外非婚同居财产关系领域最重要的法律选择方法之一，尤其是在同居双方没有形成准据法选择合意的情况下，而且这种最密切联系原则选择准据法的方法包括基于该原则的列举和最后兜底两种方式；依分割方法决定准据法的选择方法，在涉外非婚同居财产关系的法律选择体系中主要是将涉及不动产和第三人利益保护两个领域分割出来采用不同的准据法选择规则；最后，将依有利于判决的承认与执行原则等可能影响涉外非婚同居财产案件法律冲突解决的因素都考虑进去也具有重要价值。此外，与涉外非婚同居财产关系准据法选择相关的非婚同居关系本身的准据法选择、非婚同居财产契约本身的准据法选择以及连接点变迁后的准据法选择问题，在立法中也应一并予以考虑。

三是要兼顾国际私法的多种价值。其一，要将追求实质正义价值作为国际私法的目标。晚近以来，关注国际私法实质正义的呼声日渐高涨。随着对冲突规范的软化处理，国际私法作为解决法律冲突，实现指引准据法的技术任务已不是问题。如前所述，只要建构一个开放、灵活、系统的准据法选择体系，确定准据法本身绝非难事。但是，要兼顾每一类涉外民事关系甚至每一个涉外民事案件的具体情况，尽可能地考虑涉外民事纠纷解决的实际效果，追求国际私法的实体正义又绝非易事。尽管如此，国际私法既然作为部门法之一，那么法律所追求的调整社会关系解决当事人纠纷的自由、秩序、公平正义等法价值也同样适用于国际私法。因此，近年来对国际私法实体正义的关注其实只不过是国际私法实体正义价值的回归而已。具体到我国涉外非婚同居财产关系准据法选择机制的建构，更需要关注这一实体正义价值。事实上，由于存在于非婚同居男女之间的经济实力、工作经验、管理沟通模式和婚姻家庭领域的地位❶等方面的重大差异，使得非婚同居关系的开始，由同居双方中强势一方单方面决定较之于真正通过双方平等合意选择的情况要多一些；❷而且，在涉外非婚同居关系存续期间往往存在实际地位上的弱势方、同居生活中的奉献方，这种弱势、这种奉献往往造成同居当事人地位的不平等。❸同时，我国法律目前对非婚同居采取的是不置可否的立场，既不像婚姻那样存在婚姻关系成立的公示行为，也没有承认非婚同居的国家中那样的非婚同居登记制度，非婚同居完全处于一种私密状态。因此，完全建立在“自由契约”下的同居关系由于没有相关法律的认可和保护，客观上使得非婚同居中的弱势地位一方很难获得法律的保护。再加上涉外因素的存在，如果不对那些在实际上处于弱势地位的同居一方进行倾斜保护，必然会背离法律之公平正义价值。因此，我们需要尽可能地发挥依“管辖权处理方式”和依“冲突法处理方式”两种准据法确定方式各自的优势，将国际私法的实质正义价值予以最大化。其二，要在适当维护法院地法价值目标和防止“挑选法院”之间寻求平衡。从国际私法的发展历史看，不论是国际私法学说发展中的主要观点，还是各国国际私法的立法实践，维护法院

---

❶ 原文词组分别为：Economic capacity, Business experience, Patterns of negotiation management, Status in the Marriage Market。

❷ “In many cases the choice not to marry reflects a unilateral decision made by the powerful partner rather than a joint decision made by bath partners.” See Shahar Lifshitz. A Liberal Analysis of Western Cohabitation Law [A]. Bar – Ilan University Public Law and Legal Theory's Working Paper, 2009:7 – 9.

❸ Shahar Lifshitz. A Liberal Analysis of Western Cohabitation Law [A]. Bar – Ilan University Public Law and Legal Theory's Working Paper, 2009:7 – 9.

地国利益、突出法院地法的价值与政策取向等理念始终存在。因此，我国在进行相关国际私法立法时，不可能也不必要背弃这一价值，毕竟各国国际私法都首先是为本国和本国国民服务的。同时，在适当维护法院地法（我国法）价值的基础上，为了尽可能维护涉外民事案件判决结果的一致性，防止当事人“挑选法院”，我国立法也不宜过多地将管辖权与准据法合二为一，肆意扩大法院地法的适用范围。

总之，对于涉外非婚同居财产关系的准据法选择问题，我国在进行相关立法时，要做到将依“管辖权处理方式”和依“冲突法处理方式”两种准据法确定方式进行合理地配置。一方面要能体现涉外非婚同居财产关系与传统类型涉外民事关系不同的自身特点；一方面要遵循国际私法的法价值、顺应准据法选择理论的发展方向，坚持准据法选择机制的系统性、开放性；另一方面还要兼顾法院地法与外国法作为准据法的合理范围。也就是说，这个准据法选择机制应该尽可能尊重同居者的意思自治，尽可能涵盖不同国家不同类型非婚同居的准据法选择问题，将涉外非婚同居财产关系的准据法选择机制建构为一种以规则、方法相互融合形成的灵活但不失客观、确定但不失周延、坚持冲突法正义但不失实体价值的层级化的法律选择方法体系为核心，以管辖权的确定和连接点的科学设置为重要内容的综合体。然后，以此为指导思想来具体建构我国涉外非婚同居财产关系的准据法选择体系。

（二）立法建议条文

结合前文的研究成果，在对我国涉外非婚同居财产关系进行冲突规范立法方面，笔者拟出如下建议条文：

第一条　关于涉外非婚同居财产案件的国际管辖权

（1）非婚同居当事人可以通过明示的合意选择管辖法院；

（2）非婚同居当事人没有选择管辖法院或者选择因违反公共秩序、专属管辖或级别管辖而无效的，由同居当事人的惯常居所地国法院管辖；没有惯常居所地的，可由同居当事人的最后共同居所地或者共同国籍国法院管辖；

（3）没有最后共同居所地和共同国籍国的，可以由主要财产所在地及其他最密切联系地国的法院管辖。

第二条　关于涉外非婚同居财产关系的法律适用

（1）非婚同居财产关系，依当事人双方明示合意选择的法律；

（2）非婚同居当事人没有选择适用的法律，或者由于当事人的法律选择违背相关国家公共秩序、与相关国家强制适用的法律相抵触、明显侵害第三人合法权益或者违背相关国家中关于对弱势一方和妇女儿童权益特别保护的规定而无效的，适用同居当事人双方惯常居所地国法律；

（3）非婚同居当事人没有双方惯常居所地的，适用双方共同国籍国法律，同居双方国籍不同的，适用共同居所地国法律、争议的主要财产所在地国法律等其他与案件有最密切联系地的法律；

（4）非婚同居财产关系所确定的准据法存在第2款中情况的，且无法通过其他连接点确定准据法的，适用法院地国法律。

第三条　关于涉外非婚同居关系本身的法律适用

（1）非婚同居关系的形式要件，依非婚同居所在地国法律；依同居所在地国法律无效，但依其他与非婚同居当事人有最密切联系地的法律认为非婚同居关系成立的，依其他法律。

（2）非婚同居关系的实质要件，依非婚同居双方惯常居所地国法律、国籍国法律或非婚同居关系登记地国法律等有效的，非婚同居关系成立。

第四条　关于涉外非婚同居财产契约的法律适用

（1）涉外非婚同居财产契约依当事人合意选择的法律、契约缔结地国法律、惯常居所地国法律和共同国籍国法律中任何一个有效的，即为有效。

（2）涉外非婚同居财产契约的缔约能力原则上依前款之规定，但一方当事人根据双方惯常居所地等具有更密切联系地的法律认为无缔约能力而主张契约无效的，应当支持。

第五条　关于涉外非婚同居财产关系连接点变迁的法律适用

涉外非婚同居财产关系连接点变迁的，如无相反规定，以起诉时的连接点为准。

结 语

随着经济、社会、文化的发展和伦理道德观念的变迁，人们对传统的婚姻家庭观念发生了重大变化。传统婚姻家庭的同居生活模式逐渐成为部分人追求更加自由生活的障碍，而非婚同居恰好为一种更自由的家庭模式的替代性选择。这是非婚同居现象在世界范围内日益普遍的最重要原因。与此同时，经济的全球化发展、社会保障的增强、全球沟通与交往的顺畅以及文化的趋同，又必将促使非婚同居跨越国界产生涉外非婚同居现象。由此，涉外非婚同居关系必将成为未来社会十分重要的涉外民事关系之一。

非婚同居作为当代社会一种与传统婚姻家庭有着相似功能的同居模式，近年来，包括我国在内的一些发展中国家也日渐流行。值得一提的是，涉外非婚同居关系作为一种具有一定身份属性的新型涉外民事关系，目前世界范围内在非婚同居的立法上还主要集中在同居当事人双方的财产关系上，并且存在很大的分歧。由此导致涉外非婚同居财产关系法律冲突的大量存在。而在非婚同居关系中的人身关系方面，目前世界各国的态度更是相距甚远。随着非婚同居现象的日益普遍和非婚同居关系法律规制的日渐成熟，各国关于涉外非婚同居关系中人身关系法律冲突的解决必将提上日程。因此，在非婚同居现象近乎爆发式增长和涉外非婚同居现象必将大量出现的情况下，以解决涉外民事法律冲突为己任的国际私法，在如何应对涉外非婚同居关系法律冲突领域必将大有作为。

就我国而言，目前非婚同居也具有了相当的比例，并且正在以迅猛的速度发展。年轻人的未婚同居也好，中年人离异后的非婚同居也好，老年丧偶者的晚年非婚同居（搭伴养老）也好，各个年龄段人群的非婚同居在我国都具有普遍性。然而，自从我国取消“事实婚姻”和“非法同居”概念之后，我国目前几乎没有任何关于非婚同居的法律，存在法律规制上的真空地带。因此，在非婚同居的理论研究与实践方面，我国存在重大欠缺，而这显然是不符合我国经济社会发展需要的。可喜的是，目前国内有一批学者开始着手研究非婚同居问题。❶ 然而，或许是因为我国目前的涉外非婚同居法律问题尚没有凸显出来，或许是因为我国的道德、文化等观念上的原因使得大家的目光还没有聚焦到涉外非婚同居领域，我国目前对涉外非婚同居尤其是其中的财产关系进行深入系统研究者寥寥。本书虽可说是第一篇专门研究涉外非婚同居财产关系准据法选择机制的博士论文，但遗憾的是，即使在非婚同居财产关系领域，本书由于篇幅、研究能力的原因以及研究循序渐进的需要，也仅对涉外非婚同居财产关系进行了简单的、宏观层面的准据法选择机制的研究，对各国在非婚同居财产关系领域具体冲突类型的准据法选择问题并未进行更加细致的研究，也没有就异性非婚同居和同性非婚同居的财产关系法律适用进行类型化研究（笔者认为，这种

---

❶ 既有张民安、杨立新等一批著名学者，也有以王薇、秦志远等为代表的青年博士，对非婚同居法律制度作专门研究。

区分至少具有社会学和伦理学上的意义；可以说，仅同性同居的法律冲突都是一个大有可为的课题），也没有对非婚同居所生育子女导致的亲子间财产关系以及生育子女对同居父母财产关系的影响等问题进行法律适用研究。 这些问题只好留待我辈同仁今后努力，本书仅作引玉之砖。

参考文献

1. ALONI E. Registering Relationships[A]. Columbia University, Oct. 27, 2012.

2. BALA N. The History and Future of the "Legal Family" in Canada [A]. Queen's University Faculty of Law, Nov. 5, 2007.

3. BARLOW A, PROBERT R. Regulating Marriage and Cohabitation: Changing Family Values and Policies in Europe and North American Introductory Critique[J]. Law & Policy, Vol. 26, 2004(1).

4. BARLOW A. Regulation of Cohabitation, Changing Family Policies and Social Attitudes: A Discussion of Britain within Europe [J]. Law & Policy, Vol. 26, 2004(1).

5. BERENSON S K. Should Cohabitation Matter in Family Law? [J] Journal of Law & Family Studies, Vol. 13, 2011.

6. BRADLEY D. Regulation of Unmarried Cohabitation in West – European Jurisdictions – Determinants of Legal Policy [J]. International Journal of Law, Policy and the Family, Vol. 15, 2001

(1).

7. CHESHIRE, NORTH. Private International Law(13th ed.) [M]. Butterworths. 1999.

8. COLLIER J G. Conflict of Laws (Third Edition)[M]. Cambridge University Press, 2001.

9. DICEY, MORRIS. The Conflict of Law (13th ed.) [M]. Sweet & Maxwell, 2000.

10. ETUK E J, QUANSAH E K. Nigerian Business Law[M]. Macmillan Publishers, 1986.

11. FINEMAN M A. Law and Changing Patterns of Behavior: Sanctions on Non-Marital [A]. Working Paper of Emory University School of Law. 2012.

12. GOFEE W S. Preparing Effective Cohabitation Agreements for Unmarried Couples [A/OL]. http://papers.ssrn.com/sol3/results.cfm, April 27, 2011.

13. HAYWARD R. Conflict of Laws (Forth Edition) [M]. Cavendish, 2006.

14. KAHN-FREUND. General problem of Private International Law[M]. Recueil des cours, 1980.

15. KIERNAN K. The Rise of Cohabitation and Childbearing Outside Marriage in Western Europe [J]. International Journal of Law, Policy and the Family, Vol. 15, 2001(1).

16. KIERNAN K. Unmarried Cohabitation and Parenthood in Britain and Europe[J]. Law & Policy, Vol. 26. 2004(1).

17. LANDO. The Substantive Rules in the Conflict of Laws: Comparative Comments from the Law of Contracts [J]. Texas In-

ternational Law Journal, 1976.

18. LIFSHITZ S. A Liberal Analysis of Western Cohabitation Law [A]. Bar – Ilan University Public Law and Legal Theory's Working Paper, 2009.

19. LOWENFELD A F. International Litigation and the Quest for Reasonableness [M]. Clarendon Press, 1996.

20. MAHONEY M M. The Economic Rights and Responsibilities of Unmarried Cohabitations [A]. University of Pittsburgh Legal Studies Research Paper Series, 2002, http://papers. ssrn. com/sol3/papers. cfm? abstract_id = 1406682.

21. MCCLEAN D, BEEVERS K. Morris: The Conflict of Laws(7th)[M]. Sweet & Maxwell, 2009.

22. MURPHY M. Editorial: Cohabitation in Britain [J]. Journal of the Royal Statistical Society, 2000.

23. NAFZIGER J A R. The Louisiana and Oregon Codifications of Choice – of – Law Rules in Context [A]. Working Paper of Willamette University – College of Law, July, 18, 2010.

24. OLAH L S. Policy Changes and Family Stability: the Swedish Case [J]. International Journal of Law, Policy and the Family, Vol. 15, 2001.

25. OSTNER I. Cohabitation in Germany—Rules, Reality and Public Discourses [J]. International Journal of Law, Policy and the Family, Vol. 15, 2001(1).

26. PALSSON L. Rules, Problems and Trends in Family Conflict of Laws – Especially in Sweden [M]. 210 Recueil des cours 313, 1986.

27. PISSLER K B. The New Private International Law of the People's Republic of China: Cross the River by Feeling the Stones [A]. Max Planck Institute for Comparative and International Private Law, November 22, 2011.

28. PROBERT R, BARLOW A. Cohabitants and the Law: Recent European reforms [M]. University of Sussex, Falmer, Brighton BN1 7QG, West Sussex, UK, 2000.

29. SCOLES E F, HAY P. Conflict of Laws (2nd ed.)[M]. West Publishing, 1992.

30. SMOCK P J, MANNING W D. Living Together Unmarried in the United States: Demographic Perspectives and Implications for Family Policy [J]. Law & Policy, Vol. 26, 2004(1).

31. SYMEONIDES S C, PERDUE W C, VON MEHREN A T. Conflict of Law[M]. West Group, 1998.

32. SYMEONIDES S C. General Reports of the XVIII the Congress of the International Academy of Comparative Law, Codification and Flexibility in Private International Law[R]. Published in K. B. Brown and D. V. Snyder (eds.) 2011.

33. TREVOR, HARTLEY. Matrimonial (Marital) Property Rights in conflict of Laws: A Reconsideration [A]. in James Fawcett ed. ,Reform and Development of Private International Law: Essays in Honor of Sir Peter North [C]. Oxford, 2002.

34. VERBEKE A L. Perspectives for an International Marital Contract [J]. Maastricht Journal of International and Comparative Law, Vol. 8, 2001(2).

35. VERBEKE A L. Towards a Minimum Property Protection

for Unmarried Cohabitations [A]. Working Paper of University of Leuven, Faculty of Law, Department of Private Law, 2011.

36. VISCHER. General Course on Private International Law [M]. 232 Recueil des cours 9, 1992.

37. WILLIAMS H K, BOWEN R E. Marriage, Same – Sex Unions, and Domestic Partnership [J]. The Georgetown Journal of Gender and Law, Vol. 1, 2000.

38. WINTERMUTE R, ANDENAES M. (ed.). Legal Recognition of Same – Sex Partnership [M]. Oxford: Hart, 2001.

39. YACKEE J W. A Matter of Good Form: the Downsized Hague Judgments Convention and Conditions of Formal Validity for the Enforcement of Forum Selection Agreements [M]. 53 Duke L. J., 2003.

40. 阿尔温·托夫勒. 第三次浪潮[M]. 朱志焱,等译. 北京:生活·读书·新知三联书店,1983.

41. 埃塞俄比亚民法典[M]. 薛军,译. 北京:中国法制出版社,2002.

42. 艾略特. 家庭:变革还是继续? [M]. 何世念,等译. 北京:中国人民大学出版社,1992.

43. 白绿铉,编译. 日本新民事诉讼法[M]. 北京:中国法制出版社,2000.

44. 彼德罗·彭梵得. 罗马法教科书[M]. 黄风,译,北京:中国政法大学出版社,1992.

45. 伯恩·魏德士. 法理学[M]. 丁晓春,吴越,译. 北京:法律出版社,2005.

46. 伯特兰·罗素. 婚姻革命[M]. 靳建国,译. 北京:东方出版社,1988.

47. 伯特兰·罗素. 性爱与婚姻[M]. 文良文化,译. 北京:中央编译出版社,2005.

48. 博登海默. 法理学:法律哲学与法律方法[M]. 邓正来,译. 北京:中国政法大学出版社,1999.

49. 陈苇. 外国婚姻家庭法比较研究[M]. 北京:群众出版社,2006.

50. 单飞跃. 经济法理念与范畴的解析[M]. 北京:中国检察出版社,2002.

51. 德意志联邦共和国民事诉讼法[M]. 谢怀栻,译. 北京:中国法制出版社,2001.

52. 迪特尔·施瓦布. 德国家庭法[M]. 王葆莳,译. 北京:法律出版社,2010.

53. 杜涛. 国际私法的现代化进程[M]. 上海:上海人民出版社,2007.

54. 杜新丽. 法律选择方法研究[D]. 北京:中国政法大学,2004.

55. 法国民法典[M]. 罗结珍,译. 北京:法律出版社,2005.

56. 方霞. 非婚同居法律规制研究[D]. 西南政法大学,2005.

57. 龚志军. 涉外非婚同居关系准据法选择的伦理思考[J]. 求索,2013(2).

58. 韩德培. 国际私法[M]. 北京:高等教育出版社,北京大学出版社,2007.

59. 韩德培. 国际私法问题专论[M]. 武汉:武汉大学出版社,2004.

60. 何兵. 论国际私法中的管辖权[D]. 长春:吉林大

学,2007.

61. 何群. 涉外身份关系法律适用研究[J]. 国际关系学院学报,2004(3).

62. 黄进. 国际私法[M]. 北京:法律出版社,1999.

63. 黄松有. 婚姻家庭司法解释实例解释[M]. 北京:人民法院出版社,2006.

64. 加里斯坦利·贝克尔. 家庭论[M]. 王献生,王宇,译. 北京:商务印书馆,1998.

65. 江国青. 演变中的国际法问题[M]. 北京:法律出版社,2002.

66. 蒋新苗,等. 弱势群体权利保护国际立法初探[J]. 时代法学,2004(4).

67. 蒋新苗,杨翔. 国际私法学[M]. 长沙:湖南人民出版社,2012.

68. 蒋新苗. 国际收养准据法的选择方式[J]. 法学研究,1999(1).

69. 蒋新苗. 国际私法本体论[M]. 北京:法律出版社,2005.

70. 焦燕. 婚姻冲突法问题研究[D]. 武汉:武汉大学,2005.

71. 焦燕. 论涉外夫妻财产制的法律适用[J]. 江苏行政学院学报,2007(6).

72. 凯特·斯丹德利. 家庭法[M]. 屈广清,译. 北京:中国政法大学出版社,2004.

73. 康德. 法的形而上学原理[M]. 沈叔平,译. 北京:商务印书馆,1991.

74. 李双元,等. 中国国际私法通论[M]. 北京:法律出版社,2003.

75. 李双元,谢石松. 国际民事诉讼法概论[M]. 武汉:武汉大学出版社,2001.

76. 李双元. 法律趋同化问题的哲学考察及其他[M]. 长沙:湖南人民出版社,2006.

77. 李双元. 国际私法[M]. 北京:北京大学出版社,2011.

78. 李双元. 国际私法正在发生质的飞跃——试评《20 世纪末的国际私法:进步抑或倒退》一书的总结报告[A]. 载国际私法与比较法论丛(第 5 辑)[C]. 北京:中国方正出版社,2003.

79. 李双元. 中国与国际私法统一化进程[M]. 武汉:武汉大学出版社,1998.

80. 李双元. 走向 21 世纪的国际私法——国际私法与法律趋同化[M]. 北京:法律出版社,1999.

81. 李银河. 性道德的变迁[DB/OL]. 长江网,http://news.cjn.cn/lx/200603/t49669.htm,2011－03－19.

82. 立陶宛共和国民法典[Z]. 邹国勇,译. 载于中国国际私法与比较法年刊(第 7 卷)[C]. 北京:法律出版社,2005.

83. 栗生武夫. 婚姻法之近代化[M]. 胡长清,译. 北京:中国政法大学出版社,2003.

84. 刘卫国. 论涉外非婚同居的法律规制[DB/OL]. 北京涉外离婚与继承律师网,http://swlihunlawyer.com/viewnews.asp?id=357,2009－5－19.

85. 马丁·沃尔夫. 国际私法[M]. 李浩培,汤宗舜,译. 北京:北京大学出版社,2009.

86. 梅因. 古代法[M]. 沈景一,译. 北京:商务印书馆,1995.

87. 蒙古国新国际私法[Z]. 王葆莳,译,邹国勇,校. 武汉:武汉大学国际法研究所,2004.

88. 米兰·波萨纳茨. 非婚姻家庭[M]. 张大本,等译,北京:中国社会科学出版社,1990.

89. 米雷耶·德维尔-富尔戈德. 同居[M]. 郑文彬,译,北京:商务印书馆,1999.

90. 莫里斯. 戴西和莫里斯论冲突法[M]. 李双元,等译. 北京:中国大百科全书出版社,1998.

91. 欧福永. 英国民商事管辖权制度研究[M]. 北京:法律出版社,2005.

92. 秦瑞亭. 冲突法的理论与实务[M]. 北京:对外经济贸易大学出版社,2007.

93. 屈广清,等. 国际私法之弱者保护[M]. 北京:商务印书馆,2011.

94. 屈广清. 国际私法[M]. 厦门:厦门大学出版社,2009.

95. 屈广清. 国际私法保护弱势群体的理论考量[J]. 福建政法管理干部学院学报,2007(2).

96. 曲波. 国际私法本体下弱者利益的保护问题[M]. 北京:法律出版社,2009.

97. 萨维尼. 法律冲突与法律规则的地域和时间范围[M]. 李双元,等译. 北京:法律出版社,1999.

98. 史尚宽. 亲属法论[M]. 北京:中国政法大学出版社,2000.

99. 宋晓. 当代国际私法的实体取向[M]. 武汉:武汉大学出版社,2004.

100. 孙国华. 法理学教程[M]. 北京:中国人民大学出版社,1999.

101. 土耳其共和国关于国际私法与国际民事诉讼程序法的

第5718号法令[Z]. 邹国勇,译. 载中国国际私法与比较法年刊(第12卷)[C]. 北京:北京大学出版社,2009.

102. 万鄂湘. 中国涉外商事海事审判指导与研究(2001年第1卷)[M]. 北京:人民法院出版社,2001.

103. 王海刚. 论国际民事诉讼管辖权的统一化[D]. 郑州:河南大学,2011.

104. 王洪. 婚姻家庭热点问题研究[M]. 重庆:重庆大学出版社,2000.

105. 王华婷. 浅析国际民事诉讼协议管辖制度[J]. 山西高等学校社会科学学报,2007(5).

106. 王瑾. 新加坡国际民事诉讼管辖制度研究[D]. 厦门:厦门大学,2009.

107. 王丽萍. 婚姻家庭法律制度[M]. 济南:山东人民出版社,2004.

108. 王薇. 非婚同居法律制度比较研究[M]. 北京:人民出版社,2009.

109. 王泽鉴. 债权法[M]. 北京:中国政法大学出版社,2001.

110. 威廉·J. 古德. 家庭[M]. 魏章玲,译. 北京:社会科学文献出版社,1986.

111. 巫昌帧. 婚姻家庭法新论——比较研究与展望[M]. 北京:中国政法大学出版社,2002.

112. 夏吟兰,等. 21世纪婚姻家庭关系新规则[M]. 北京:中国检察出版社,2001.

113. 夏吟兰. 美国现代婚姻家庭制度[M]. 北京:中国政法大学出版社,1999.

114. 肖永平,岳为群. 法律选择理论若干问题回顾[J]. 法学研究,2001(3).

115. 肖永平. 肖永平论冲突法[M]. 武汉:武汉大学出版社,2002.

116. 辛一山. 和谐世界建立的理据——趋同性[DB/OL]. 光明网,http://guancha. gmw. cn/content. htm,2011 -03 -13.

117. 徐冬根. 国际私法趋势论[M]. 北京:北京大学出版社,2005.

118. 宣增益. 国家间判决承认与执行问题研究[M]. 北京:中国政法大学出版社,2009.

119. 杨立新. 婚姻法专论[M]. 北京:高等教育出版社,2005.

120. 杨立新. 论准婚姻关系[J]. 中州学刊,2005(6).

121. 杨遂全. 中国之路与中国民法典:不能忽视的100个现实问题[M]. 北京:法律出版社,2005.

122. 杨泽伟. 主权论——国际法上的主权问题及其发展趋势研究[M]. 北京:北京大学出版社,2006.

123. 姚壮,任继圣. 国际私法基础[M]. 北京:中国社会科学出版社,1981.

124. 野野山久也. 美国的离婚、再婚和同居[M]. 杜大宁,等译,北京:新华出版社,1989.

125. 张民安. 非婚同居在同居配偶间的法律效力[J]. 中山大学学报(社会科学版),1999(2).

126. 张伟. 论我国非婚同居关系中弱者的保护[D]. 南昌:南昌大学,2011.

127. 赵海峰. 国际法与比较法论坛[M]. 哈尔滨:黑龙江人民出版社,2008.

128. 中华人民共和国国家统计局. 2011年中国统计年鉴[Z]

. 北京:中国统计出版社,2012.

129. 卓冬青,刘冰. 婚姻家庭法[M]. 广州:中山大学出版社,2002.

130. 邹国勇,译注. 外国国际私法立法精选[M]. 北京:中国政法大学出版社,2011.

心。感谢肖北庚教授、李先波教授、王贵国教授、郑远民教授、李爱年教授、欧福永教授、刘健教授等师长对我的教导、关怀与鼓励。

感谢博士论文答辩委员会的王翰教授、聂建强教授等专家对本书的最终完成提出了宝贵的意见和建议,贡献了他们的智慧与心血。

感谢王明高教授、刘期湘教授、杨峥嵘教授、胡艳香教授、曾荇教授、蔡四平教授、牟爱华博士等给我的大力支持与帮助!感谢与我并肩攻读的同窗兄弟姐妹,他们给了我莫大的关心、鼓励与支持!感谢我的父母,感谢我的妻子张勇立女士!是他们的无私分担、无私关爱、默默支持,让我能在求学的几年时间里专心攻读,这份亲情始终是我前行的最大动力。

二〇一六年七月于岳麓山下